魔法

A Metaphysical Guide to Meditation, Magick & Manifestation

顯化

Psychic Witch

93 則成為巫師的自學指南

麥特・奧林

U0073162

各界讚譽

「這是一本內容有條不紊又很實用的必讀書，能幫你增長自己的靈力和魔法技巧，並在巫師的曲折道途上不斷進展。」

——克里斯多福・彭恰克（Christopher Penczak），
the Temple of Witchcraft 系列叢書作者

「麥特・奧林以他精心撰寫的迷人散文，向讀者展現他的關懷和奉獻精神。」

——希爾芙・瑞凡沃夫（Silver Ravenwolf），*Solitary Witch* 作者

「如果你遵循本書的指引，你將對魔法的力量產生毫無疑問的感覺。」

——傑森・米勒（Jason Miller），*The Element of Spellcrafting* 作者

「這是站在巫術、能量工作和靈力開發的交叉路口上的一項雄心鉅作。」

——米歇爾・貝朗格（Michelle Belanger），*The Psychic Energy Codex* 作者

「麥特做了詳盡的閱讀和深入的研究，將它們在魔法和能量方面連結起來。」

——勞麗・卡柏特（Laurie Cabot），塞勒姆官方女巫、
Power of the Witch 作者

「一顆閃耀著光芒，真正把透徹的心靈體現其中的珍稀寶石。」

——馬克辛・桑德斯（Maxine Sanders），
the Alexandrian Tradition of Witchcraft 共同創始人、*Firechild* 作者

「本書中的教導、練習和儀式工作，輕鬆而優雅地結合了心理學和魔法。」

——小伊佛・多明格斯（Ivo Dominguez Jr.），
Assembly of the Sacred Wheel 共同創始人、*The Keys to Perception* 作者

「我覺得唯一的遺憾是，當我剛開始學習時，這本書和它所附帶的魔法練習寶庫還沒有出現。」

——茱蒂卡・伊爾斯（Judika Illes），*Encyclopedia of 5000 spells* 作者

「本書是喚醒任何巫師潛能的絕佳指南。」

——克里斯多福・奧拉佩羅（Christopher Orapello），*Down at the Crossroads* 節目主持人，*Beson, Stang & Sword* 的播客和共同作者

「這本書是個寶藏！麥特・奧林清楚闡明了精微能量的領域。」

——黛絲・懷特赫斯特（Tess Whitehurst），*You Are Magical* 作者

「《魔法顯化》是我在魔法的通靈和能量方面見過的最完整的資料來源。」

——帕米塔夫人（Madame Pamita），*Madame Pamita's Magical Taort* 作者

「《魔法顯化》充滿了知識、策略和實用的技巧，是連結精神魔法世界的強大力量。」

——大衛・索爾茲伯里（David Salisbury），*The Deep Heart of Witchcraft* 作者

「麥特・奧林確實是當今巫術界最有價值的聲音之一。」

——丹尼爾・杜爾斯基（Danielle Dulsky），*The Holy Wild* 作者

「運用這些技巧，你一定會看到你對自己的世界和對自己的看法產生巨大的變化。」

——查斯・柏根（Chas Bogan），*The Secret Keys of Conjure* 作者

「直覺和巫師一樣，你需要這本書。」

——愛咪・布萊克索恩（Amy Blackthorn），*Blackthorn's Botanical Magic and Sacred Smoke* 作者

「一定會成為現代巫術的經典。」

——辛迪・布瑞能（Cyndi Brannen），*True Magic* 作者

「本書是智慧的寶庫。」

——米奇・穆勒（Mickie Mueller），*The Witch's Mirror* 作者

「如果你有興趣在鍛鍊巫術技巧的同時，也發展你的通靈能力，這本書正適合你。」

——葛溫・瑞文（Gwion Raven），*The Magick of Food* 作者

「本書充滿了實際操作的練習，將引導讀者了解靈力發展和操縱能量的來龍去脈。」

——尼古拉斯・皮爾森（Nicholas Pearson），*Stones of Goddess* 作者

「麥特・奧林提供了一個豐富的、通俗易懂的靈力開發和魔法課程。」

——德哥拉斯・亞隆・杜瑞爾（Durgadas Allon Duriel），
The Little Work 的作者

「《魔法顯化》保證會成為你一再翻閱的書籍之一。」

——安德魯・泰蒂克（Andrew Theitic），*The Witches' Almanac* 發行人

「我認為本書將在今後的幾十年裡成為這方面的熱門書籍。」

——索雷塔・德斯特（Soritad'Ester），*Practical Elemental Magick* 作者

「麥特的作品是有益、實用、溫和及支持性的……本書是巫師書架上的必備書籍。」

——考尼克・韋伯（Courtney Weber），*The Morrigan* 作者

「本書充滿了有效的練習和有趣的觀點。」

——安娜・尼諾（Annar Niino），

「巫術的仙靈傳統」祖母及 *The White Wand* 作者

「麥特・奧林帶領讀者穿越一連串深思熟慮的實踐過程……落實在個人成長、心理健康和靈性意識上。」

——迪奧蒂瑪・曼蒂尼亞（Diotima Mantineia），

Touch the Earth, Kiss the Sky 作者

「這是一本你原先不知道自己會需要的，有關魔法通靈力發展的基礎書籍。」

——斯托姆・費瑞沃爾夫（Storm Faerywolf），

Forbidden Mysteries of Faery Witchcraft 作者

「沒有人比麥特・奧林更有資格或更準備好撰寫巫術和靈力開發的書。」

——傑森・曼契（Jason Mankey），*Transformative Witchcraft* 作者

「《魔法顯化》是一場資料的盛宴，以令人難以置信的細節呈現——這是一門充分利用你天生靈力的大師課程。」

——黛博拉・布萊克（Deborah Blake），*Everyday Witchcraft* 作者

「《魔法顯化》帶領我們經歷了一段有關開發人類感受另類世界的豐富過程。」

——李・摩根（Lee Morgan），*Sounds of Infinity* 作者

「這是一本出色且方便應用的著作，我強力推薦給任何想要深化自己靈力的人。」

——艾丹・瓦克特（Aidan Wachter），

Six Ways: Approaches & Entries for Practical Magic 作者

「麥特・奧林將許多魔法理論集合在同一處，並以簡單的方式闡明它。」

——羅賓・阿迪森（Robin Artisson），

An Carow Gwyn: Sorcery and the Ancient Fayerie Faith 作者

「《魔法顯化》為許多已經開啟靈能中心的魔法師回答了許多問題。」

——賈基・史密斯（Jakie Smith），*Coventry Magic* 作者

「我相信麥特的觀點對下一代巫師至關重要……要是二十年前我有這本書就好了！」

——索恩・慕尼（Thorn Mooney），*Traditional Wicca* 作者

「《魔法顯化》是對巫術藝術的一場驚奇的全面探索。」

——蘿拉・坦佩斯・札克羅夫（Laura Tempest Zakroff），

Sigil Witchery 作者

「麥特・奧林憑藉深刻的洞察力和多年的經驗，向讀者提供極為實用的指南。」

——吉瑪・蓋瑞（Gemma Gary），*Traditional Witchcraft* 作者

紀念瑞文・格里瑪西（Raven Grimassi）
（1951—2019）

如果巫術的藝術能簡化到只有單一面向，那麼它就是達成意識狀態的改變……在更深的層次上，我們可以增加（透過任何手段誘導的）出神狀態和靈能發展。這種意識狀態不僅允許巫師感知表象以外的事物，也能在經驗的意義上重塑實相。

——瑞文・格里瑪西
《巫師的法術：巫術的根源與魔法的轉化》

獻辭

❦

謹將本書獻給在魔法之路影響我最大的四個人，按時間先後依序為：希爾芙‧瑞凡沃夫（Silver Ravenwolf）、克里斯多福‧彭恰克（Christopher Penczak）、勞麗‧卡柏特（Laurie Cabot）和戴文‧杭特（Devin Hunter）。

希爾芙，你的作品為我在小時候的魔法和巫術開闢了一個充滿無限可能的世界。單是你的作品就開啟了我靈性之路的大門。最重要的是，我學會了不以看起來「務實」的東西來限制自己的夢想。小時候，我會不厭其煩地（有時是癡迷地）把你書上的訊息和書脊上那小小的新月複製到我自己的筆記本中，最後變成我第一本個人的《影子之書》（Book of Shadow）。我夢想有一天能撰寫和出版我自己的書，上面印著 Llewellyn 的標誌，現在我的書就在這兒，那看似不切實際的目標已被實現了。感謝你的作品為我這一代初露頭角的巫師們，以及在我前後期的巫師們帶來的巨大影響。

克里斯多福，你重新喚醒了我對巫術和通靈能力的熱情，你的作品使我的熱情更上層樓。從很多方面來看，這本書是我寫給《內在巫術殿堂》（The Inner Temple of Witchcraft）的情書，那是徹底改變我個人修行的一本書。儘管你是一本神祕學的活字典，你還是能夠把非常複雜的主題，用一種很容易讓人了解的方式來拆解，以確保你的讀者和學生能理解這些概念。你抱持的謙遜和紮

實的能力是我不斷追求的特質。你一直是我一個心靈上的榜樣、一個導師、一個朋友和一個兄長，而我也因此成為一個更好的人和一個更好的巫師。在寫這本書時，你給我的友誼和指導是無價至寶。獻上我永遠的愛！

勞麗，如果沒有你的開創性工作，把通靈能力和巫術結合在一起，這本書就不會存在。在我看來，沒有人比你更能代表通靈巫師了。很榮幸能和你一起上課，在魔法屋（Enchanted）做解讀期間的空檔和你聊天。你預言了這本書的出現，而且一如既往地，被你說中了！感謝你所做的一切工作，教導了世界什麼才是真正的巫術，這不僅樹立了一個典範，讓世人了解通靈能力和魔法是真實的，也讓人們在你的課堂上證明這一點。

戴文，說到魔法和巫術，我不確定自己有沒有見過像你這樣的人。我很肯定我們是同一個模子裡刻出來的。你為了培訓我投入了大量的時間和精力，你從來沒放棄過我，你會花時間問我問題，當我缺席時查詢我的狀況，點出我能改進的地方，你激勵我、鼓勵我、考驗我、幫助我看清自己的問題、支持我，你推動我成長、挑戰我、啟發我，你也知道什麼時候該給我空間，什麼時候該信任我自身的能力，而最重要的是你從未停止相信我和我的潛力。很多朋友和熟人都曾說過我是一個表裡截然不同的人，打從我開始跟著你一起訓練以來，我已經往正面成長和轉變了。如果真是這樣，那麼大部分都是因為你的教導。我非常榮幸能有你這個朋友、導師和盟友。

目錄

插圖索引

獻祭

　　謹以祂之名敬奉本書，祂以完美的透析力洞察過去、現在和未來，握有時間之鑰並戴著雙紐王冠。

　　謹以在生命交叉口的她之名敬奉本書，她是所有祕術的女主人，擁有邁進各個世界的通關之鑰並戴著銜尾蛇王冠。

　　哦！向偉大的通靈者和偉大的巫師致敬

其他致謝辭

首先，我要感謝羅里．麥克拉肯（Rory McCracken），沒有他，這本書是不可能完成的。除了在致謝名單的人之外，我還要感謝以下所有幫助、鼓勵或啟發我實現這一目標的人：

Adam Sartwell, Aidan Wachter, Ali Dossary, Alura Rose, Amy Blackthorn, AnaarNiino, Andrew Theitic, Anne Niven, Beth Beauregard, Brandon Blair, Brandon Smith and The Anix, Chas Bogan, Chester Sesco, Chris LeVasseur, Chris Morris, Chris Orapello, Courtney Weber, Cyndi Brannen, Danielle Dulsky, Danielle Dionne, Daniel Schulke, David Erwin, David Salisbury, Deborah Blake, Diotima Mantineia, DurgadasAllonDuriel, Elizabeth Autumnalis, Elysia Gallo, F. Steven Isom, Gemma Gary, Gwion Raven, Holly Vanderhaar, Irma Kaye Sawyer, Ivo Dominguez Jr., Jackie Smith, Jason Mankey, Jason Miller, Jess Carlson, Jim Shackleford, JudikaIlles, Kat Sanborn, Kit Yarber, Laura Tempest Zakroff, Lauryn Heineman, Lee Morgan, Lon- nie Scott, Madame Pamita, Matthew Venus, Michelle Belanger, Maxine Sanders, Mickie Mueller, Mike Blair, Nicholas Pearson, Oceana Leblanc, Penny Cabot, Phoenix LeFae, Raven Grimassi, Robbi Packard, Robin Artisson, Sarah Lynne Bowman, Sharon Day, Soritad’Este, Stephanie Taylor, Steve Kenson, Storm Faerywolf, Sylvie Dugas, Tara Love-Maguire, Tess Whitehurst, Thorn Mooney, Tiffany Nicole Ware, Enchanted of Salem, The Robin’s Nest, Moth and Moon Studio, The Mystic Dream, Modern Witch, The Temple of Witchcraft, The Sacred Fires Tradition of Witchcraft, Black Rose Witchcraft, The Cabot Tradition of Witchcraft, Coven of the Crown, The Black Flame Council, Patheos Pagan, and of course Llewellyn Worldwide.

序

如果我們對第三隻眼抱持開放的心態，它就能讓我們看到能量。對大多數人來說，這是一個陌生的概念，但你一旦放下偏見和你為自己強加的限制，就會對這種天賦敞開自己。

——克里斯多福·彭恰克（Christopher Penczak），《靈性盟友》

身為一個具有靈力的存有，擁抱自己的力量和道途可能是巫師一生中最有意義的經歷。當我們最終停止我們的懷疑，相信長久以來被掩蓋的一個簡單事實：亦即作為一名巫師就是擁有靈力的，不可思議的事就會開始發生。綜觀歷史上的黑暗時期，施展靈媒能力、預言、氣場解讀、甚至是清明夢等天賦，都可能讓別人認為你是個巫師。

然而，具有靈力並不像我們從電視或部落格上看到的那樣迷人。僅僅擁有此天賦並不表示你就能用它做任何有用的事，此外，要想知道從何開始把它發展成有意義的東西可能是一項艱鉅的任務，因而使許多人甚至從未試圖探索自己能成為什麼樣的人。我發現自己和許多人一樣，把探索巫術和神祕學當作是了解自己天賦的一種手段，但過去能找到的訊息並不多。巫師總是被說成也被認為是有靈異能力的神祕人物，但我一進到這領域後，發現這不盡然是真的。

我發現巫師被認為是有靈力的，但並不表示他們生來就有靈力天賦。此外，教導別人如何運用他們的天賦（若真的存在時）是一項最困難的任務。大多數寫這類主題的人是經由他們對神祕學的研究而開發了自己敏銳的靈力。那些具有更深層次理解的人通常不認為自己是巫師，反倒會竭盡所能地讓自己擺脫這個標籤。隨著異教信仰和神祕學開始重新出現在靈性領域，大量的思想、哲學和修練法被引進原本就已經接受通靈者的團體和文化中。這漫長的歷程幫助我們，將可以應用到我們巫術上的修練法整合在一起，但其中仍有一些尚未被整併的東西，如果你想深入研究靈力開發的實際做法，你仍然需要在巫術之外尋求幫助。

　　這種情況直到近期的歷史才開始發生變化，因為像勞麗‧卡柏特（Laurie Cabot）、希爾芙‧瑞凡沃夫（Silver Ravenwolf）和克里斯多福‧彭恰克（Christopher Penczak）（在此僅舉少數幾例）等作家都是依賴對話的方式，並協助縮小了靈力開發和現代巫術之間的差距。從他們及他們同時代的人的作品中，我們學到這兩個領域不總是分開的，實際上，它們很自然地結合在一起。靈力是每個巫師天生就有的，它只需要被培育。就如大部分的技能一樣，通靈是巫師有能力做到的事，只不過我們有些人有訣竅做到，而其他人卻很難找到自己的方針。

　　麥特‧奧林在本書中不論我們技巧的程度如何或本性的偏好是什麼，繼續著這種對話，其目的是幫助我們找到那個方針。他投入歲月成為一名專業通靈師和巫師，並承擔挑戰，籌畫進行與巫術相關的心靈論探索，將它成功地化為容易理解又詳盡的資料。我們在

本書中看見的是他經過充分研究，並將各個片段緊密結合在一起的內容，不僅使我們的感官變得敏銳，也豐富了我們的魔法。

初次接觸到這個主題的人將發現它這是個富含練習與知識的寶庫，能幫助他們喚醒休眠的靈力，將它們加入自己的技巧中好好運用。顯然這是因為麥特對細節的關注，以及他對每個論點都含藏了靈知碎片的緣故。讀者們可以仔細閱覽這個只能用多年的個人發展和實驗累積起來的基礎實踐。

那些天生有天賦或正將自己的修練提升到一個新層次的人會發現，作為一名通靈師的麥特，其自身的天賦讓他擁有獨到的見解：那一再被證明是饒富訊息和啟發人心的洞見。

本書中最突出的部分是強調將靈力開發和巫術融合為單一實踐的展望。正如我之前提到的，當我開始學習時，像這樣的書並不存在，我們必須走出巫術之外才能找到答案。現在，我們終於獲得了一本關於如何真正修練巫術的手冊，其中包括作為基本要素的靈力。

麥特是新一代巫師的一員，他們將靈性發展的火炬帶入了二十一世紀，架起新舊派別之間的橋樑。有人認為他的用語如腦波夾帶（brainwave entrainment）、陰影自我、共時性和實相模圖等，都太偏向新時代的說法了。其他人可能會覺得諸如三個魂靈、第五元素、真實意志和巫師之火的主題太難理解和怪異。這些東西過去都是彼此分開的，卻在此被交織為一體，創造出一幅修練的織錦畫，無論你從哪裡開始，都有可能真正改變你的技巧。呈現這些東西並不是為了耍花樣或使作者顯得更聰明；而是為了讓我們擁抱自己有潛能的主要面向，以及把自己的巫術提升到一個全新的層次。

在麥特的職業生涯中，他花了很多年的時間與公眾合作，幫助像你我這樣的追尋者找到我們想要的答案。有時這是以解讀的形式出現，有時是在課堂上或部落格中呈現，但是麥特總是抱持著服務的熱忱並承諾幫助他人。作為聖火學院（Sacred Fires）的一名學員，他已經超越了我這個導師對他最熱切的期望，我發現自己對他的努力和不斷進步感到敬畏。他一直持續邁進，總是準備著蹚入渾水來解決棘手的問題——同時也準備好幫助他的同學和巫術傳統的同伴，正如這些人也會對他做的一樣。他是有真材實料的人；一個以助人為生活目標的真正通靈巫師。

你在本書中不會找到一堆咒術來幫你解決問題；我想書名可能已透露這一點。然而，你將發現這些工具可以幫助你釋放潛力，使你成為一名巫師。我們生命中的問題通常與沒有發揮自己的潛力有關。活出自己的潛能不是件容易的事；事實上，它是我們能做的最困難的工作之一，但麥特很清楚這一點，他懷抱著完美的愛並全然相信我們能達成前所未有的成功，帶領我們到我們要去的地方。

麥特以學者的思維和教練的心，讓我們對錯綜複雜的事物有了新的認識，並提供我們釋放其內在力量的鑰匙。《魔法顯化》立基於古老的神祕，增添了新的趣味，是一本我希望在多年以前就能擁有的書。它巧妙地延續了巫術中關於心靈論的探討，這是以往其他書籍都沒有的。

戴文・杭特（Devin Hunter）

《巫術的力量》叢書系列作者、巫術聖火傳統的創始人

導言

對許多人來說，通靈人（psychic）[譯註1]和巫師這類名詞是專門寫小說用的。一聽到這些名詞，腦裡立即就浮現一些影集的畫面，譬如《美國怪談》（*American Horror Story*）、《巫師村塞勒姆》（*Salem*）、《魔女遊戲》（*The Craft*）、《莎賓娜的戰慄冒險》（*Chilling Adventures of Sabrina*）等等，或許你還會聯想到《女巫也瘋狂》（*Hocus Pocus*）裡的女巫，甚或是佯裝成通靈人的藝術家騙徒。我不是想證明，只要憑著盲目的信仰，就能證實真的有通靈能力（靈力）和魔法力這回事，但我跟你保證，的確是有靈力和魔法力存在的。我的目的不是要你單純相信我說的話就好，而是希望你能在讀完本書後，靠你自己的親身體驗來證實這一點。

•

靈力和魔法力是我們與生俱來的力量

在靈能和魔法界裡存在著許多門戶之見。這真是个辛啊！用最貼切的形容來說明這種門戶之見背後的用意，就是嘗試去控制或限制「誰」才夠資格成為某個特定團體或活動的一分子。他們有

〔譯註〕1. Psychic（通靈人）和 medium（靈媒）都是運用靈力與無形界溝通的人。通靈人在藉由靈視、靈聽、靈觸等特殊感知獲得無形界的訊息時，主體意識仍是清楚存在的；靈媒雖也使用靈力，但他的本靈在通靈時會暫時引退，由外靈進駐他的身軀來傳遞訊息，與東方文化裡的乩童類似。可以說，通靈人不一定是靈媒，但靈媒一定是通靈人。

一種很僵化的想法，認為魔法力或靈力只可能源自於天生。雖然你出生時，一定是帶有魔法力或靈力這種資質，但正如一個人可能生來就有藝術或運動細胞一樣，這絕對不是決定某人能在這些領域裡獲得成就的唯一條件。事實上，發表這種論調的往往是一些有優越感的懶人，因為靈力和魔法力就如藝術或運動的天賦一樣，要想開發和維持這些能力，得經過不斷的訓練，並投注時間和精力來修練才行。

我有一個個案曾在通靈解讀時，一再對我說，我的這項「天賦」是其他人沒有的。我不斷跟他們保證，這不盡然是一種天賦，而是一項必須經過開發和不斷努力才能維持和增強的能力。這名個案起初不太相信我，但我再三向她保證我說的絕對是真話。當時我邀請她來參加我開辦的一場靈力開發工作坊，我在本書中也分享了許多在那次工作坊裡所教導的靈能技巧。我讓她親自證實，不管是她自己或其他人都是有靈力的。這個經驗令她非常興奮，激勵她去做更多的學習與探索，她又繼續努力幾年後，現在已經成為一位專業的通靈解讀師了。

有些人會說，這種特異能力一定是從家族的遺傳基因傳承下來的，或是只有特定的族群、文化、民族或性別才有的，這種說法絕非正確。翻開歷史記錄，我們不但能看到具有魔法力和靈力的人普遍存在於兩性之間，況且身為人類，假如你追溯的年代夠久遠，你會發現我們大家的祖先都是共同的──即是多神論者和魔法師。因此，我要清楚強調一點：任何人都能施展魔法，每個人都擁有靈力。魔法力和靈力不是超自然的，而是源自我們天生

的能力。每個人絕對都能發揮它們。我們生來就是要擁抱自己全部的潛能，充分利用自己所有的能力來體驗世界，並盡自己最大的可能與世界產生互動。

•

結合靈力與巫術

通靈人或巫師都是讓人聽起來渾身不自在的稱呼，以致許多通靈人或巫師試圖完全迴避這些用語。他們可能會改用一些讓外人感覺更舒坦或更能接受的說法，譬如直覺、感應、多神論者、或能量工作者。然而，我發現使用大眾較能接受的用語來作代名詞，雖然淡化了原來的稱呼給人的感受，但也往往削弱了靈力和魔法力的所有潛能。由於思想、情感和語言的簡潔性只會增強通靈和魔法的特性——通靈人和巫師這兩個簡潔有力的語詞能喚起非常強烈的思緒和情感。對我來說，這兩個名稱能讓人聯想到他們在各自領域裡的嫻熟技巧和功力，而採用替代用語的做法對誰都沒好處。

魔法能力和通靈感知力乍看像是完全不同的兩件事。但是，就像被描繪成在同一個軀體上擁有兩個不同面孔的羅馬門神亞努斯（Janus）一樣，通靈和魔法是一體的兩面。它們的核心即是我們如何與精微能量接觸和互動的面貌。靈力通常也被稱為超感官知覺力，人們能夠透過它以各種方式來感知能量的訊息。

魔法老師們經常使用的民俗詞源在我們的集體心靈裡占有一席之地。巫師一詞經常和威卡（Wicca）一詞連結在一起，這個常被巫術長老們廣泛使用的語詞是「彎曲」、「形塑」或「掌握」的意

思。儘管沒有太多有力的證據可以證明它們就是巫術的歷史詞源定義，但當你剔除所有不同的限制和傳統時，這是一個能夠直搗巫術本質的有效概念。換句話說，巫術的核心是「操控和塑造能量以達到欲求效果的能力」。

許多巫師倉促地做完他們的基本功和日常操練，這也許是因為他們一心想完成目前受訓的階段性任務，以進階到下一個層級。也可能是因為他們並沒有為自己的實踐和成長擔負起個人責任，而是依靠老師的認可來告訴他們說，他們已經能夠掌握某個階段的功夫了。也許他們對於正在進行的工作感到厭倦。也許他們認為更複雜的東西威力更強大，因而正在尋找這種更強大的力量。

有些東西雖然是很基本或很簡單的，並不表示它的力量就不夠強。魔法改變了它觸及的每一個人，每個接觸魔法的人都會改變。重要的是要明白所有的啟程都只是開始而不是結束。很多人可能認為基本功不過是以往初學功夫時的一部分練習而將它擱置一旁，但我發現基本功的操練能使我們與魔法的調諧度和深度得以持續發展。

有時候，魔法師雖然正從事著繁複的儀式和魔法工作，卻可能失去對魔法的熱愛。有很多巫師告訴我，他們的魔法不再起作用，對巫術也感到厭倦了。這可能會導致他們往靈性方面的其他途徑進行探索，但是以我的經驗來看，這通常是召喚你重溫基本功的時刻，我們可以在基本功裡發現新的深度。我曾看過專注而認真的尋道者只是下工夫在能量接地和歸於中心上，就讓自己的能量綻放光芒。

無論你觸及什麼，它都將回頭來觸動你。我對這句話能做的最簡單詮釋是：當你花時間接觸大地的核心，沉浸在繁星的帷幕中，與月亮交融，與元素調諧，並與眾神和高靈合作時，那會改變一個人。就像這些星體的頻率開始與其他不同的頻率同步共振，個人的能量像交響樂一樣地低聲和鳴。有時，我們是經由心靈管道感受到這一點的，但即使我們不知道確切的原因，我們也常感覺那像是一種對個人的強烈安慰、一種親切感和歸屬感，以及一種高度尊重的體驗。關於這種觸動的核心和精神的本質，我們了解的只有這樣。我相信這是因為我們花了很多時間與自己共處而感受到的內在能量，所以有了這種認知。你能感覺到日月星辰同處的共振能量，因為你也獻上時間和那些能量同在。關於這種體認只能意會，難以言傳。

　　巫術通常被認為是一條曲徑，這條途徑左彎右拐地編織成蜿蜒的曲線。我不認為此路徑有目的地，而是相信路徑的本身就是個旅程。我懷疑這條蜿蜒之路是銜尾蛇形的，它沒有真正的起點或終點。

·

我是來協助你的

　　我是個在自己當地社區和範圍更廣的線上社群裡都很活躍的職業巫師，根據我以專業通靈師的身分和其他通靈人的互動經驗，我觀察到一些現象。有很多巫師在靈力展現方面並不那麼出色；也有很多天生的通靈人完全沒有施展魔法和顯化的能力。我遇過許多巫

師根本不確定和他們共事的高靈和眾神是否真的存在，或是除了該按照方位進行運作的簡單事實外，他們也不確定自己是否已經布下了魔法圈或提升了能量，就好像他們正全然盲目地做著工作一般。我也見過一些通靈人，他們可以為別人提供極佳的生活建言和犀利見解，但自己卻難以支付房租、克服障礙和顯化良機。

　　這絕非一種批判，而是我從自己的經驗中明白的道理。我在早期曾有很多年試著施咒術，但都不管用。我會按部就班，備好正確的材料，吟誦所有的咒語──可是仍無法顯化任何具體的結果。魔法不是關於空洞的儀式、咒語或供品。魔法背後的關鍵是對能量的掌控，當一個人能夠感知能量時，也能最好地運用它。

　　在我深深沉浸在通靈和魔法世界的多年歲月中，我開始看到這兩種能力不僅可以協調運作，還能互補和增強彼此。你可以利用魔法來增進你的靈力，也可以利用靈力來提升你的魔法。這些年來，我已經找到一些最傑出、最受尊崇的魔法力和靈力的老師，跟著他們學習的經驗強化了我的結論，亦即它們不僅相互交織──而且是構成一個整體的兩半。

　　透過我自己的實修經驗，以及多年來積極傳授他人開發靈力和魔法力的經驗，我已經能夠把喚醒你靈性感官和運用能量的基礎做濃縮，也為其實驗和變通性保留了餘地。對於能量的知覺和運用，絕對沒有一體適用的方法。每一位個體都是獨特的，我們生來都是不同的──因此，不同的事物能對不同的人起作用。此要點貫穿在本書中，將幫助你探索自己與這些方法的關係。我還盡可能地消除了某些巫術傳統特有的技巧和限制，留下的都是一

些核心思想和構成要件，它們在我所接受的各種傳統中，以及在我所讀過並交談過的其他老師中都是相似的，譬如「三個魂靈」（Three Souls）和「三個世界」（Three World）的概念模型。

藉由我自身的實驗，我發現只要用一個本質上更全面性的宇宙系統，就有辦法繞過某些文化的特定慣例，而不需把它們當作我們自己的修練方法。在談到神的時候，我已經留下空間讓你們根據自己的精神信仰來做修改，也提供了一些角度給那些對於巫術或靈力比較偏向無神論的人來解決這個問題。我用概念較模糊的「聖靈」一詞來探討神的主題，它可以開放給每個人做各自的解釋，例如「神聖心識」、「宇宙」、「本源」、「上帝」、「女神」或「星辰女神」──即使你的詮釋是：它是一種進入你內心深處的心理工具。

你可能還會注意到，除了你的心身靈以外，本書中的練習幾乎不需用到什麼工具或材料；它少了被視為傳統咒術的儀式和環境。這是我刻意安排的；我希望讀者們在冒險進入正確的咒術運作之前，能先理解並掌握他們要操作的能量。在進階到有效的施咒之前，掌握能量的感知和操縱是至關重要的。不過，你會對於單憑自己的思想、身體和心靈就能做到的事感到很驚訝。

我的目的不只是要幫助你成為一個強大的通靈人或一個強大的巫師，而是要讓你成為一個強大的通靈巫師。對我來說，一個通靈巫師不僅可以利用他所有的內在和外在感官來感知所有現實領域內的能量訊息，還能為了裨益自己而直接體驗能量、與能量互動和操縱能量。在本書中，我將分享一些我最嚴密守護的技巧、祕訣、練習和冥想。儘管你可能很想跳到你覺得自己最感興

趣的部分，但我強烈建議你把它看作是所有元素都環環相扣的一門課程。你也會得到結合魂靈的模型、不同存在層面的模型，以及有關神性概念的各種練習。不管你對這些主題的個人信念是什麼，我建議你把書中的概念當成真的來看待，因為它們既能提供你一個目標，也能幫助你往其他的方向發展。

我鼓勵你先學習書中提出的規則、宇宙論和應用練習，然後再修改它們以呈現你自己的傳統或靈性道路。由於這些主題具有屬靈和形上學的性質，因此很難確切地說事情的道理必定是這樣。但我可以肯定地說，若把這些概念當成真的來看待，遵循它們將會產生巨大的結果。至少，把它看作是本書為了主張「這些概念是真的」之目的而進行的大型思想實驗。先學習這些規則，等你已經全面學會並理解我教的規則後，才打破它們。

我相信不同的人會從巫術和靈性中得到不同的東西。但對於那些聚焦在精通魔法的人來說，巫術是需要費工夫的。它需要投注心力和毅力。對某些人來說，我這種說法會挑起他心中覺得自己做得不夠的不安全感，但這不是我的本意。我的目的是希望在你的修練過程中啟發和激勵你。

雖然我教學也分享，但我始終把自己視為尋道者和學生。我真誠地相信，一個認真的新手巫師初次點燃蠟燭，用專注的意志許下一個簡單願望，與一個為了同樣目的，但心裡卻毫無誠意地執行著魔法古籍中複雜儀式的老巫師相比，新手巫師的力量可能強大多了。這完全取決於他們投入在自身的道途和修練的努力程度，以及他們奉獻心力的程度。

從我一路走來的道路上，對我而言，熟練技巧並不是為了達成某個特定的最終目標，而是為了看看你能夠修練得多深，並利用它努力改善自己的經驗。例如冥想是最簡單的技巧之一──但它也是最深刻和最具變革性的技巧之一。只是閉上雙眼，專注於呼吸的簡單動作看起來似乎很粗淺，也很容易讓人匆匆帶過。但是，你知道有多少人無法冥想，無法放空頭腦，或無法全神貫注地聚焦在單一事情上嗎？

　　你不能在脆弱的地基上建造一座宏偉的建築物，還指望它能經得起時間的考驗。無論你目前走在自己道路的哪個位置，都要確保你日常的心靈和魔法修練是能夠幫你深化根基的。一個魔法元素的簡單練習可以練得多深？我鼓勵你不要忽視基本功。我們修練巫術也許是因為它永遠無法被真正掌握，但比起這種說法，我們寧可說，每當我們參與它，就能使它深化並讓它變得更完善。

　　這本書是為每個人寫的，無論讀者的經驗到什麼程度，它都是某些人的入門點。雖然一些基本的練習和概念對於經驗豐富的修習者來說似乎很基礎，但我鼓勵你與我一起重新審視它們。要精通這些領域不在於你在基礎上建構多繁複的東西，而在於你透過潛心研究核心要素後，能從自己的修練裡面得到多豐厚的收穫。你可以經由溫習它們而發現新的深度。我希望本書能以新的角度來呈現這些做法和想法，並讓新手和老手都可以沉浸其中。

第一章

超能力與異視界

巫術和通靈能力（靈力）是人類天生具備的特質，但在後工業時代，我們這個物種已經慢慢脫離了與這些能力的連繫。巫術有無數個命名，隨著文化和時代背景不同，人們稱呼它的用語可能有變化，其內涵也可能相異，但它們的核心意義是一樣的。在古代，人們認為巫師擁有所謂的「超能力」，或我們現代所說的「行使魔法之能力」。另一方面，通靈人具備的是「靈視力」或「陰陽眼」，這是一種超越五種身體感官的視覺和感知能力。

但巫術到底是什麼？巫術是許多不同修練法的統稱，而對巫師的定義則可能因人而異。我認為巫術和個人的心性一樣獨特又變化萬千，因為每個人與看不見的靈界力量連繫和互動的管道，對其本身而言都是獨一無二的。巫術和靈力不只是各種練習或技巧，它們也是一種存在的狀態和取向，也就是我們如何根據自己的環境（包括看得見和看不見的實相）來調整自己的方向。通靈人和巫師都是神祕學家。「神祕學」意指隱藏的東西，就像月蝕遮住太陽也把陽光隱藏起來一樣。神祕學家研究並與這些隱藏的真理互動，穿透感知的面紗來探究它們。他們明白，在我們一般認知的物質現象以外，存在著一種形而上的實相。

就取向而言，有些人天生就比別人具有更能與玄祕力量互動的取向，正如有些人生來就比別人更有運動或藝術的才能一般。這並不是說只有對玄祕力量具有先天通道的人，才能成為巫師或通靈人，而是指它是一種取向。取向是某人對於其他事物採取的立場或

觀點。這意味著一個人可以透過學習、修練、努力和經驗，重新定位自己對形上學的取向。

一個天性沒有神祕學資質的人，有可能超越那些確實擁有這種取向，卻從不花工夫來加強它的人。你不必以特定方式出生或有任何先天才能，你只需要認真努力和全心投入，就可以成為有才能的通靈人或巫師。我也相信有些非常精通神祕學的巫師，甚至連自己都不知道他們自己就是天生的巫師。我見過一些功力最強的巫師，還會因為被稱為巫師而感到害怕。

形上學的玄祕體驗是以靈透力（clairs）來感知的。clairs 在法語中是「清晰」的意思，表示它們是超出五種普通感官的侷限，而有更精確的知覺和體驗。換句話說，靈透力常被定義為超感官知覺力。有了超感官知覺力，視覺就變成靈視力（clairvoyance），觸覺變成靈觸力（clairtangency），味覺變成靈嚐力（clairgustance），聽覺變成靈聽力（clairaudience），嗅覺變成靈嗅力（clairalience）。除了這些靈透力外，一個人還可能有靈感應力（clairempathy）（感應他人情緒的靈力）、靈覺受力（clairsentience）（以體內的實際覺受來感應的靈力）[譯註]2 和靈認知力（claircognizance）（直覺知曉的靈力）。

儘管如此，我漸漸認為，超感官知覺力不見得是超越我們的身體或一般感官的知覺——雖然這是人們給它的定義和一種方便的

〔譯註〕2. 靈感應力（clairempathy）是能感知或意識到他人的思想、情感或症狀的能力，但通靈人本身不一定會在身體上出現感覺。靈覺受力（clairsentience）是藉由清楚的身體感覺來獲得直觀洞見的能力。假如一個有靈覺受力的人感受到「不對勁」的事（可能是他人的疾病、傷害或負面情緒等等），他的身體可能會出現頭痛或胃痛等症狀並由此得到相關事情的見解。

解說方法。我反而開始相信，我們的靈性感官才是我們的主要的感官，那是我們作為靈性存在的感官，而我們的身體感官是這些主要靈性感官的延伸。我們在入胎子宮，誕生於這個世界之前，靈性感官就已經充分發展了；只不過在出生後，隨著年齡的增長，我們的靈性感官逐漸退化，而被身體感官所取代。當我們只作為物質的存有，我們的身體感官能感知的，僅限於一個人能觸碰到、聽到、嘗到、聞到等等的範圍；但是當我們作為出生前和死亡後的靈性存在時，我們靈性感官的感知卻是無限的。

靈力和直覺是兩個經常被交替使用的術語，兩者是相關的概念，但我要為這兩個概念做區別。直覺是一個人對環境中出現的感官訊息，進行無意識的處理而得出的特定結論；靈力則是不依賴五大基本感官對環境產生的訊息，直接進行超感官知覺的處理。直覺對多數人來說，感覺更自然、更正常，它通常被歸類在「就是知道」的靈認知力，或被歸類在「說不出為什麼，但就是對某件事有種感覺」的靈感應力。

換句話說，直覺根據的是可感受到外在環境的訊息，而靈力則非如此。兩者經常同步運作，並且當你學會與自己的直覺更調和，聆聽自己的聲音，並注意自己如何感知訊息時，你將會成為一個能力更強的通靈人。我認為直覺是「中層自我」（中我）正在處理來自「較低自我」（低我）的訊息，而靈力則是「中我」在處理來自「較高自我」（高我）的訊息。這些概念我們在稍後會更深入地探討。

隱藏的精微力量無時不刻地影響著我們的生活。我們可能會覺察到這一點並與它們互動；我們也可能完全不知情，卻仍然與它

們有互動。這種在沒有覺察的情況下，還能夠和能量互動並操縱能量的能力，就是神祕學作家兼導師的伊佛・多明格斯（Ivo Dominguez Jr.）所說的「暗黑感知力」（noir perception），*noir* 在法語中是暗黑的意思。這是一種在有意識的靈力層面上，無法清楚地感知到被操縱的能量，卻仍能穩定駕馭能量的能力。[3]很多現代巫師都是這一類型的人。

他們可以執行一場完整的咒術或儀式，卻從未覺察到他們在施咒過程中到處流竄的能量。同樣的，許多通靈人可以感知能量，但無法有意識地和能量進行互動或改變它們。

然而，通靈巫師可以直接感知並與實相的隱藏力量互動。通靈巫師與靈魂、岩石、溪流、星星和風交流。他們逐漸看出並理解構成宇宙的隱藏秩序和過程。他們觀察這些模式，開始理解因果關係的定律，並能看見生命中某一部分的展開，循著線索追溯到起因。他們可以觀察目前正在進行的事物，預測它們在未來將起什麼作用。

通靈巫師生活在一種靈知加持的狀態下，將萬物視為魔法，並理解宇宙是由無盡的可能性和潛力所組成的。當其他人看見一堵牆時，通靈巫師看到的卻是一扇門，他們明白萬物之間是相互連結與相關的，因此知道該如何將能量投入行動中，有意識地實現一個特定的結果，而這部分就是魔法了。魔法是用一種特定的方式來操控精微能量，以針對一個想要的結果產生影響。藉由改

---

3. Ivo Dominguez Jr.，*The Keys To Perception: A Practical Guide to Psychic Development.*

變意識並運用自己的意志力，通靈巫師可以有目的而精確地施展魔法。

實相即是能量

實相完全是由能量組成的。神祕學家、通靈人、巫師和其他的魔法師都知道這個真理。這不僅是一種神祕學的看法，也是物理學的本質。一切外表看起來很堅固的東西，不過是振動速率比較慢的能量；當我們在微觀的層面研究它時，會發現固體物質是由不斷運動的粒子構成的，就連你現在手裡的這本書也只是一種能量。我們所能觸碰、聽到、看到、嚐到和聞到的一切，都只是我們的感官所感知的不同形式的能量，但是能量並不侷限於我們能用感官探知到的東西。

有些能量超出了我們五大基本感官所能感受的範圍。那些比較持懷疑態度的人常常會說「眼見為真」之類的話，或是嘲笑「世界上有看不見的能量存在」這種說法。然而，你只要快速地觀察一下自己的四周，就會明白我們是無法感知或看見我們周遭所有能量的。磁場和輻射就是這種能量最好的例子，我們的肉眼看不見它們，卻不斷地和它們相互作用，其他像是無線電訊號和紫外線也是如此。

動物的感知也跟人類的感知不一樣，它們是在不同的層次上體驗實相。如果人類也像動物那樣，用天生的自然方式感知能量訊息的話，那些訊息就會像是超自然的現象。有些動物和昆蟲能

覺知到的光譜和顏色的範圍比人類的更廣，還有一些動物能聽到人類聽不到的聲音頻率（聲音也是一種能量）。雖然我們能聽到的聲波範圍已經很廣，但是我們聽不到所有的聲波。

狗哨所發出的聲音是人體無法感知的能量，但狗是絕對能聽到的。除此之外，還有一種會和我們互動的能量連擊波是無線電波，除非我們利用設備把頻率調到特定的頻段，否則我們是聽不到聲音的。對人類來說，狗好像會通靈似的，因為它們受訓後可以嗅出某人身上的癌症。有些動物甚至能把牠們體驗到的能量轉變為完全不同作用的東西，海豚和蝙蝠能透過迴聲定位來使用聲音，牠們就是把聲音轉變成一種視覺的體驗。候鳥對磁場和氣候的感知是它們遷徙的資訊，這對科學家來說仍然是個謎。

但為什麼會這樣呢？生物演化使得人類和動物天生就會掃描環境中對生存至關重要的資訊。也就是說，我們的感知力已經進化到與我們生存所需要的知識直接連繫的地步。我們感受到的感官僅是為了幫助我們從日常生活中生存下來，以便我們的物種能夠繼續生活在物質實相中。隨著演化的進展，對於物種的生存而言不重要的知覺形式將被拋棄，而有利於物種生存的感官會繼續發展。此外，我們生活在一個非常關注「現實世界」的社會中，強調的是能夠感知到的物質。這通常會導致五大生理感官之外的感官受到抑制，但它們並未消失，依然存在。

你是否有過一種經驗，就是當你想到一個久未聯絡的人時，他突然打電話或發訊息給你？你是否曾經對某個人或某個情況有一種直覺，而隨後的結果證明你的直覺是對的？你有似曾相識或

夢境應驗的經驗嗎？幾乎每個人都有過那種其他的感官突然打開的時候，即便只有短暫的片刻。我們仍然擁有一個完整的知覺系統，它在我們的物種中沉睡了，但仍在那裡等著被重新喚醒。

這種情形也同樣出現在精微能量的通靈感知力方面。精微能量是我們的感官或科學不一定能夠測量或探測得到的能量。我們常常很難理解自己接收到的龐大能量所附帶的訊息，那只是因為我們沒有設計一套用來理解它的語言。由於我們對有關能量的詞彙並不完備，我們缺乏一個非常精確的方式來描述我們所感知的能量，例如，在孩子學到綠色一詞之前，他們可能很難區分它與其他顏色，也很難分辨色調相似的顏色。一旦孩子對他們看到的顏色學會了更多的詞彙，他們不但可以說出它們的名字，還能識別和區分「森林綠色」和「石灰綠色」。當談到能量的知覺力時，除非我們能學會有關不同能量的詞彙，否則我們的用語無法像形容其他知覺一般地準確。

如果你仔細想想，我們對自己的味覺和嗅覺的感知也是如此。想一想葡萄酒鑑賞家是如何描述葡萄酒的複雜口味，他們會使用土地系、果香風、奶油味、燒烤味、華麗風、艱澀、橡木味、木炭味、絲柔滑順等語詞。這是因為大腦在我們的語言中，找不到精確的形容詞來描述它的感受，所以它會嘗試引用那些能夠在某種程度上表達出味覺特質的用語。然而，對一般人來說，葡萄酒似乎沒那麼複雜，我們只不過是缺乏關於味覺感受的語詞罷了。這道理也適用於音樂家；他們聽音樂的方式和一般人是不同的，因為他們了解音高、音調、和聲和旋律的細微變化。由於他們掌握了

音樂的詞彙，他們談論起音樂來更容易。精微的能量也是這樣，學會描述不同能量的特質可以提高掌握能量的精準度。能夠精確地辨別和描述能量可以使人成為一個靈驗的通靈巫師。

對於通靈巫師來說，所有的精微能量都是訊息的一種形式。我們收到的能量訊息會透露關於其他人、事件、情況和我們周遭世界的情報。它讓我們能夠做出更好的判斷，並確保我們走在正確的道路上。我們也可以召喚和操縱能量訊息，並將它發送到我們的世界，主動地影響那些途徑及其結果。

•

腦波狀態

那麼，我們要如何開始感知五種基本感官之外的能量呢？無線電是以不同的赫茲頻率發射的。你只要把收音機的頻率調到正確的頻道，就能收聽到原先覺察不到的頻率。我們的大腦也像無線電波一樣會產生微妙的電脈衝，這些電脈衝是由大量的神經元針對我們所從事的特定活動相互交流而產生的，並且會創造出特定的意識狀態。每一種腦波狀態都以希臘字母來命名，並且以叫做赫茲的每秒週期來當作測量單位。腦波狀態共有五種：伽瑪（gamma）、貝塔（beta）、阿爾法（alpha）、希塔（theta）和戴爾塔（delta）。儘管各種腦波彼此有部分重疊的範圍，但每一種腦波都有自己的赫茲週期。藉由學習改變我們的腦波狀態，我們便能學會改變我們的意識。

伽瑪（γ）——38-42 赫茲：神祕的 γ 波曾被認為是隨機的腦部雜訊，它是速度最快的腦波狀態。研究人員發現，γ 波在博愛及與開悟有關的超驗意識狀態中非常活躍。有些藏傳佛教僧侶和印度瑜伽修行者能夠在冥想時呈現這種腦波狀態。

貝塔（β）——12-28 赫茲：β 波發生在我們清醒、警覺及專注於某些事物時。這是我們人類最常出現的腦波狀態。興奮、焦慮、壓力、決策、批判性思維和集中注意力，都與 β 波相關。

阿爾法（α）——7.5-13 赫茲：α 波發生在我們放鬆、冥想、觀想和做白日夢的時候。α 波可以進入潛意識心靈，當我們正被動地接收資訊（譬如學習）時，就會發生 α 波。它是與通靈能力最相關的意識狀態，也是與催眠有關的意識狀態。

希塔（θ）——4-7 赫茲：θ 波發生在睡眠的前後。它與淺眠、深度冥想、深層夢、生動的圖像和較高的內在意識有關。在 θ 波的狀態下，我們會變得完全意識不到外在世界。

戴爾塔（δ）——1-3 赫茲：δ 波發生在無夢的深層睡眠期間，與冥想的最深度狀態相關。療癒和再生與這種意識狀態有關，這就是深度睡眠可以達到深度治癒的原因。

正如你看到的，α 波和 θ 波是與通靈感知力有關的腦波狀態。這兩者的主要區別是什麼呢？在 α 波中，你仍然能工作，你可以說話、走路，也可以執行一場儀式或咒術，或解讀塔羅牌；而在 θ 波中你無法（或至少沒辦法有效地）做這些事，因為你將開

始進入夢鄉，夢境的內在領域將開始接管你對外在世界的知覺，你會開始失去對外在世界的意識。

要成為一個優質的通靈人，你需要能夠在 α 波和 θ 波之間達到一種清晰的意識狀態，但又不至於睡著。幸運的是，科學已經證明，我們要想讓大腦開始產生 α 波，只需要閉上眼睛一小段時間，然後開始進行觀想即可。若想達到 θ 波，我們要做的是開始觀想，並使我們的巫師之眼（Witch Eye）中的影像更加生動，正是在這種精神狀態下，我們迷失在白日夢中，以沉浸式的方式重播記憶，並接觸到無意識的影像和知覺。

松果體就是巫師之眼，通常也被稱為第三眼或心靈之眼。松果體大約是豌豆般的大小，位於你頭部的中間。如果你把一隻手指放在頭頂的正中央，而將另一手指放在眉毛之上及兩眉之間的一個點上，這兩隻手指指出的直線交會的地方就是松果體的位置。如果你把人腦的左、右半球垂直切成兩半，你會發現松果體看起來像一隻眼睛，它的周圍被腺體包圍著，形狀類似於埃及的荷魯斯之眼（Eye of Horus）或 Ra 之眼（Eye of Ra）。有趣的是，松果體本身看起來很像一顆小眼球。

雖然科學家們還不能完全確定松果體對人類的確切用途是什麼，但我們知道，在低等的脊椎動物中，松果體的作用就如第三眼一般，與它們的眼睛同步運作，並且含有感光受體和神經細胞，但是在沒有感光受體的人類身上，情況並非如此。然而，我們可以看到松果體與我們的眼睛和光之間的確有關聯，因為我們知道松果體會發送令褪黑激素產出的神經訊號，並具有與明暗週

期相關的晝夜節律。眼睛吸收的光經由視神經傳送到大腦,而視神經將光傳導給支應松果體的神經。黑暗會增加正腎上腺素的輸出,正腎上腺素是一種會釋放褪黑激素的神經傳導質,而光會減少褪黑激素的產生。[4]

褪黑激素也是很神祕的。有些研究者認為,褪黑激素、睡眠和放鬆之間有相關性[5]。許多攝取褪黑激素作為營養補充的人,能描述更加生動的夢境。於是我們看到了光、松果體、放鬆和做夢之間可能存在的關聯性。由於與做白日夢和淺夢有關的放鬆和腦波狀態對通靈感知力很重要,因此你可能會開始意識到,這就是巫師和通靈師傾向於在光線昏暗的空間中工作,用燭光代替明亮氛圍的許多原因之一。因為這樣能有更多的褪黑激素產生,如此可能會激發一種更自然的放鬆狀態,有利於 α 波的發生和松果體的活躍作用。

世界知名的通靈師,也是塞勒姆的官方女巫[6]勞麗·卡柏特(Laurie Cabot)認為,通靈知覺是發生在 α 波狀態的,因為當你處於出神狀態時,你的眼睛會自然地朝著松果體的方向開始向上滾動[7]。

4. Jerry Vried 和 Nancy A. M. Alexiuk 合 著,*The Pineal Gland and Melatonin*, 刊登於 *Handbook of Endocrinology* 第二版,第1冊,George H. Gass, Harold M. Kaplan(Boca Raton, NY: CRC Press LLC 出版,1996 年),7-8頁。
5. *Melatonin: In Depth*,National Center For Complementary and Integrative Health,最後修訂日期:2018 年 7 月 16 日,https://nccih.nih.gov/health/melatonin。
6. 麻塞諸塞州州長麥克·杜卡基斯(Michael Dukakis)於 1970 年代授予她在社區工作的榮譽稱號。
7. Laurie Cabot 和 Tom Cowan 合著,*Power of the Witch: The Earth, the Moon, and the Magical Path to Enlightenment*(New York, NY: Delta 出版,1989 年),175-177頁。

她相信所有的通靈訊息是看不見的光，松果體會接收這些資訊並解釋它。當我們在 α 波時，有意識的大腦和松果體之間會有直接的對話。

練習1
初步聚焦

　　這是在更進一步探索前所要掌握的第一個重要練習。乍看之下似乎很簡單，但你可能會發現這比你預期的要難一些。這是一種使你的大腦完全聚焦於一項心理任務的能力。從一百開始倒數到零。當你數到零時，大聲說出或在心裡對自己肯定，你將進入 α 腦波意識狀態了。

　　在這個階段，你是否能在你的巫師之眼中看到數字並不重要。重要的是你當下專注的只有你的數字。如果你分心或意識到自己的心思已經漂移時，就重新開始。一旦你能毫無雜念，成功地完成這個任務後，再看看你是否可以連續三次完成這個練習，每一次在開始時都表達對自己的肯定。一旦達成這目標後，就可以準備繼續前進了。

如孩子般的好奇心

孩童通常被認為自然而然地擁有通靈和魔法能力，我同意這一點。實際上，在許多不同的巫術傳統中都流傳著一句名言，那是著名而有影響力的女巫瑟希女神（Lady Circe）的智慧之語，她說：「如果你要走巫師這條路，請仔細觀察遊戲中的孩子。」這句簡短的格言確實藏有智慧的關鍵。

關於孩童以及他們容易有通靈和魔法的天性，有幾個我認為很重要的因素。首先是孩子們在玩的時候是全神貫注的；再者，他們的想像力正在蓬勃發展的時期。我相信瑟希女神的這句名言與這兩個因素有很大的關係。事實上，我所認識的最有魔法天賦的人都是有趣的人，他們的頭腦都有令人驚奇的想像力和創造力。當孩子們玩得正開心時，他們因為全心投入而完全接通頻率。孩子們追求的就是遊戲、創造和樂趣。

現在想想看一個得不到樂趣的孩子，再想想一個完全感到無聊的孩子，他們會出現全然抗拒的狀態，即使他們的本意並不想這樣。如果你把一個孩子關起來或讓他們坐下來聽無聊的課堂演講，那麼他們往往會開始做白日夢。他們天生就有想像力，會自自然然地調頻到 α 和 θ 的腦波狀態，這與一個人開始做白日夢或想像力發揮時所被啟動的腦波狀態相同。

最重要的是，孩子們能富有想像力基本上是被社會允許的。在大約七歲之前，他們腦波主要是在 α 和 θ 波的狀態，這意味

著他們更容易有通靈體驗[8]。只不過當他們長大時，他們的想像力和創造力便會受到譴責，取而代之的是實用的、邏輯的和正經的取向。這時候這些通靈的知覺形式開始被壓制，漸漸進入休眠狀態，等待再次被喚醒。

把這情況斷定為人類的自然狀態是合乎邏輯的結論，因為這就是孩童在受到外在強制力約束時的自然狀態。幸運的是，我有好消息要告訴你。既然你是人類，也曾經是個孩子。這意味著你有能力用一點點的工夫來重新啟動你這部分的天性，而我就是來幫助你的。現在，我們就從一個看似愚蠢的假裝練習開始吧！

練習2

沉浸通靈的角色

這是一個非常簡單的練習，但是你可能會對它的效果感到很驚訝。我希望你挑一天來假裝自己是一個無所不知又總是能鐵口直斷的通靈人。你可以先召喚出一個通曉萬事的通靈人原型，比如一個神祕的算命先生，或是個上知天文、下知地理的巫師。

---

8. Ernst Niedermeyer（M.D）. 和 Fernando Lopes Da Silva（M.D.、PH.D.）合著 Maturation of the EEG，刊登在 *Electroencephalography: Basic Principles, Clinical Applications, and Related Fields* 第五版（Philedelphia, PA: Lippincott Williams & Wilkins 出版，1996年），225頁。

重要的是不要讓練習半途而廢。就像一個孩子和朋友一起玩扮家家酒或獨自玩樂時那樣，要讓自己真正沉浸在這個角色中。你要假裝自己能看見氣場；看見在不同人身上的氣場會是什麼樣子？你還不需要知道怎樣看到氣場，我們只是假裝而已，所以只要根據你觀察的對象他們的表現或身分，給他們配上一個顏色就好，這個顏色也不需要符合氣場顏色所代表的意義。只要整天做你的預測，如果最後你都猜錯了，不要氣餒；記住，這只是假裝，你只是假裝相信自己永遠是對的。

你也可以和朋友一起練習。在我的工作坊裡，我會讓陌生人彼此搭檔，他們會輪流假裝自己是通靈人，然後開始編造一堆關於他們搭檔的資料。他們是誰？他們人生的故事是什麼？他們來自哪裡？他們想從生活中得到什麼？他們的希望和恐懼是什麼？

這個練習的關鍵是，被解讀者只能針對正確的句子做確認，而不能告訴解讀者他們哪裡說錯了。被解讀者會寫下所有他們被命中的地方。這在任何超過一人以上的靈力發展練習中是非常重要的。有些人可能在金錢的預測上竭盡心神，某件訊息可能中斷或出錯，當解讀者一旦聽到被解讀者說「錯」時，他會因為疑慮而完全關閉通靈管道，不再能傳達準確的資訊，因為這時懷疑已經接管一切了。

此練習是為了讓你可以發揮想像力，享受在日常舒適圈之外的樂趣。它消除了條件制約的障礙，這種障礙抑制了我們在日常生活中發揮和運用這些創造的能力。它也能協助建立信心，因為當他們在假裝時，他們會命中一堆準確的訊息，這是非常普遍的，尤其是當他們角色扮演的時間越長，程度越深入的時候。然而，準確度並不是這裡的重點。隨著過程的進行，我們將學會如何成為準確的通靈人，但我們得先學會爬之後才能跑。

在這一天結束時，把你的體驗寫下來。角色扮演和沉浸在角色中的感覺如何？它好玩嗎？它給你力量嗎？會覺得不舒服嗎？你能感覺到社會制約的意識正悄悄潛入你的腦袋，告訴你這些全是胡說八道嗎？你有準確的命中率嗎？有沒有出現什麼是你無法證實的？

誠實記錄自己的想法、感受和經歷，在你的日記裡撒謊或隱瞞實情對你是沒有好處的。把經驗寫入日記中，一部分是為了看見自己經過一段時間後是如何成長的，也協助你了解哪些對你自己有用和哪些是沒用的。誠實地對待自己的真實感受和經歷，將能幫助你成長為一個通靈巫師。

肯定語和神經可塑性

肯定語的力量很容易被忽視。它是對自己的肯定性陳述，通常以現在式時態的措辭來表達，並且要反覆大聲地說出來，目的是用某種方式將它嵌入自己的潛意識。作為通靈巫師，我們了解口語和思想的力量。我們明白內在世界和外在世界的關聯是錯綜複雜的。我們知道控制自己的思想和能量非常重要，這樣我們才能掌握個人的自主權。

肯定語能改變你的思想，它是怎麼做到的呢？大腦不斷創造和加強電化學的神經迴路，這些迴路因為不斷地受刺激而最常被使用。因此，如果有意識或無意識地重複某一種思維方式，這個迴路就會成為最主要被使用的途徑，進而以這個方式來思考或感覺的次數也會越來越頻繁，這叫做神經可塑性。那麼，在能量方面的道理也是如此。越常用到的能量途徑會變得更強大、更容易使用，而被忽視的能量途徑則會變得更弱。能量體有它自己的記憶形式。

一句特定的肯定語必須每天並且經過長時間地使用。通往那些思想形式的神經迴路和能量通道，不會在一夜之間就改變，真正的改變是需要時間和努力的。我認識的最成功人士和我見過的最強大的巫師都擁護肯定語。肯定語在我的生活中創造了奇蹟，我們絕對不該忽視它。

提升靈力的肯定語

　　現在輪到你了。每當你照鏡子時，停下來看著自己的眼睛，說出愛自己和給予自己力量的肯定語，以及申明你通靈能力的肯定語。在那當下，你要相信自己所說的每一句話。我可以要求你開始這樣說一週或一個多月，但老實說，你應該將肯定語融入你的日常生活中。以下列舉十個有助於你提升靈力的肯定語做示範：

「我會通靈。」

「我收到準確的訊息。」

「我能感覺和看見精微能量。」

「我的巫師之眼看得很通透。」

「我能夠準確地感知過去、現在和未來。」

「我的靈力每天都在成長。」

「獲得靈力對我來說很容易、也很自然。」

「我在夢裡得到指引而且會記住它。」

「我相信自己的直覺。」

「我很感謝我的靈能天賦不斷在成長」

第二章

冥想與放鬆

冥想是所有靈力的基礎，在我個人看來，它也是所有魔法行為的基礎。投入心力修練冥想，就是在投入你的靈力和魔法力。學會放鬆及呼吸的吐納，我們就能迅速改變自己的腦波狀態和意識水平，這使我們處於一種意識轉換的狀態，讓我們更能接收到靈訊並覺察到能量。為什麼？冥想教導我們關於我們的大腦是如何運作、如何聚焦，以及如何引導我們的意識，進而引導我們的意志。冥想是增強你的靈力和魔法展現的最佳工具。

透過冥想，我們開始了解自己和自己的思想。我們的頭腦總是充斥過多的雜音和影像。這些雜音和影像有時是我們自己創造出來的，有時是因受到訊息的連續轟擊衍生而來的。藉由冥想，我們學會如何讓自己的大腦安靜下來。你可以把頭腦比作是一口池塘，池塘裡的水若是混濁不清的，我們就看不到水面以外的任何東西。利用冥想，我們淨化了這個池塘。當池塘清澈見底時，我們既能看見池塘的底部，也能看見反射在水面上的任何東西。然後，我們就能認清哪些東西是水面上的倒影，哪些是深藏在水底的東西。當池塘全然清澈時，它會毫無批判或偏見地映照一切。正因為這種清明，我們才能以最小的干擾度開始準確地接收心靈印象。

冥想是一種簡單易懂的修練法，但不表示它做起來很容易。我經常聽到人們抱怨進行冥想的難處，或嚷嚷說他們做不到。這是因為冥想需要專注，而要真正專心在我們全神貫注的事情上，

做起來會比聽起來困難得多。無法專注的心常被比擬為猴子，在冥想的修練中它常被稱為「猴子心」（monkey mind）。想想看一隻無法靜靜坐著的猴子，它迅速地穿過一處叢林，從一枝思想樹枝盪到另一枝樹枝般騷動不安。透過冥想，我們學會馴服猴子心，讓它可以安靜坐下並集中精神。

冥想中最容易犯的錯誤是找藉口不做冥想，把它看作是一種負擔，屈服於猴子心或感覺自己做錯了。如果你把冥想當成一件不得不做的繁重家務，你很可能會對它產生排斥感，並開始找藉口不去做它。然而，如果你能把冥想視為一種休息和恢復心理、身體和精神活力的方法，就不會覺得它是個負擔，反而會樂於接受它。

冥想的關鍵是覺察自己意識的聚焦和專注。當我們坐下來冥想時，就陷進了猴子心的狀態，我們開始思考腦裡浮現的所有念頭而不是聚焦意識。當這種情形發生時，我們只要承認它發生了，放掉我們陷入猴子心的想法，並把我們的思想帶回意識焦點就好。許多人這時會開始批評自己做錯了，或認為是因為猴子心而無法冥想。事實恰恰相反！藉由承認和覺察猴子心的狀態，並把注意力帶回意識的焦點，我們就在冥想的正確軌道上了。我們正在訓練自己做到意識的聚焦，而不是馬上要成為冥想大師。

•

開放的態度

要開啟冥想、靈力、魔法或能量工作，最重要的關鍵是你的態度。更具體地說，這是一種通常被稱為「初學者精神」的態度。

事實上，如果「精通」意味著「學會一切，學到沒有任何東西可以再進一步學習、吸收或體驗的地步」，那麼在這些領域裡，根本沒有精通這回事，它們是終身的實踐和學習。當有人誤以為自己已經了解關於這類主題的所有東西時，他們就等於在下意識裡決定終止自己的擴展和成長。初學者精神是一種熱情和開放的態度，一種學習更多東西的能力，彷彿他們對這些領域是全然陌生的那般。它也能避免使這些練習變得陳舊、無聊，或是讓任何發展變得停滯不前。請你再回想孩子們在學習新東西時的那種興奮和著迷的樣子，那就是初學者的精神。

德國的神祕學家簡·弗里斯（Jan Fries）曾說：「真正的魔法不是只包含各種本領和技巧的組合，它更像是一種開放的態度，是興趣和全心奉獻的融合，它讓每個誠摯的魔法師都能觀察、學習、改進並創造出能從內在來改變同一事物的特性和實相的獨特方法。」[9]

經由任何靈性的或形上學的實踐，你都能獲得自己努力的成果。換句話說，你在開發和維持這些修練上投入的時間、能量和貢獻越多，你能得到的成果就越好。想想看如果用同樣的方式來鍛鍊體能，你越有規律地鍛鍊，身體就越健康。到最後，你就能舉起更重的東西，能跑的時間越長或跑得越快等等。然而，如果你開始鬆懈一段時間，或是當再次做這些鍛鍊時抱持過度自信的

---

9. Jan Fries，*Visual Magick: A Manual of Freestyle Shamanism*（Oxford, UK: Mandrake 出版，1992 年），137頁。

態度，就可能使自己耗盡體能，甚至傷到自己。保持一個初學者的精神和態度，可以防止你自己脫離有紀律的常規或耗盡能量。

當人們開始冥想，有一件常發生的事是無論他們怎麼努力保持清醒，都會開始進入夢鄉，這也曾發生在我身上。大約十年前，當我參加那些有關能量工作和通靈能力的高階課程時就發生過這樣的事。你可能會以為有人給我下了藥。當時我對於如果我鞭策自己就能做到的事充滿熱情，而且有點傲慢。每一段冥想大約進行五分鐘後，我便開始進入沉睡的狀態，但在冥想即將結束前我就會醒來。不過，當進行的是比較簡單易懂的冥想時，即使訓練的時間長短一樣，我都不會睡著。我聽到一個讓我頗有同感的理論是，當人們正在經歷的精神活動或能量已經超過他們所能負荷和處理的範圍時，就會發生這種情況。為了應付這種情況，大腦在自我保護的行為下會叫自己入睡，不要去理會正在進行的事。

能在完全不受干擾、全然放鬆的環境下靜坐是有益的。如果你選擇在室內冥想，要確保你已經關閉所有的電子設備和干擾物（例如電話），或根本不要挑那個環境做冥想。堆放雜物或凌亂的房間會讓人更難以感到放鬆和寧靜。你還需要一個有點自然採光和空氣流通的地方。營造一種心理上平靜的氛圍也是有幫助的。你可能想聽聽令人舒緩的音樂或點燃薰香，也可能發現不管音樂和薰香都會使人分心。每個人讓自己平靜的方式各有不同。如果你選擇在戶外冥想，最好選擇一個你能獨處而不會被別人、設備或聲音分散注意力的地方。

你也要確保自己身體的舒適感。確認你不是穿著任何過緊、有束縛感或感覺不舒服的衣服。最好是雙腳著地坐下來，或如果你願意的話，可以雙腿交叉盤坐在地上。不管你要怎麼坐，都需要確保你的脊椎是挺直的，頭部和肩膀不要下垂。

練習 4
用基本的冥想學會聚焦

首先，找一個你不會受打擾的地方，舒適地坐著。除非你打算盤腿坐在地板上，否則請確保你的腿和手臂沒有交叉。把計時器設定五分鐘的時間。閉上眼睛並自然地呼吸。不要試圖強制你呼吸的節奏或想控制它，只要用你覺得很自然的方式呼吸。把意識帶到你的呼吸上，當空氣流入和流出你的身體時，用你的意念跟隨它。注意你的身體對呼吸的反應，每次吸氣時，都追蹤它在你體內流動的路徑。除了聚焦在呼吸外，什麼都別管。如果你開始想其他的事，你的心思就會開始遊蕩，猴子心會試圖來搗亂，這時候，你只要將注意力帶回你的呼吸就好，不要責怪或批評自己。

嘗試每天至少做一次這樣的冥想。慢慢地把時間延長到十分鐘，然後延到二十分鐘，再延到半小時。一開始你可能覺得很掙扎，也會有幾天真的完全抗拒冥想，但要想培養你的專注力，堅持每天冥想的習慣是很重要的。你的心思可

能會遊蕩很多次，這在本質上不能說是一件好事或壞事，它只是讓你了解你的大腦如何運作，以及如何凌駕你散漫的思維過程的一部分。每當你的心思遊蕩時，別認為那是失敗的經驗，而要把它視為成功的冥想。假如冥想是一種體能鍛煉，你遊蕩的思緒就是你要舉起的重量。你不會因為砝碼太重而責怪自己，而會將它高舉起來。你不必因為自己的思緒飄忽不定而自責，而是承認它們，然後把注意力重新集中到呼吸上，繼續自然地呼吸。

練習 5

壓力藏寶箱

壓力藏寶箱是我在學會西藏睡夢瑜伽（Tibetan Dream Yoga）後，根據它所開發出來的一種技巧。這項技巧可以使你放鬆，它不僅可以在你做解讀前幫你提高靈力，在睡前做這個練習還可以幫助你促進清醒夢和星體投射的產生。這個技巧最棒的地方在於，它能幫助你在深層潛意識裡解決問題，減輕你更多的生活壓力。

一開始先坐下，讓自己感到輕鬆舒適，閉上雙眼。進行「初步聚焦」（練習1）。深吸一口氣，吐氣時，感覺你當下可能承受的壓力或緊張都隨著你吐出的氣排出去。假裝時

間開始變慢了。隨著時間變慢，你會更加意識到你內心的存在。當你越來越覺察到自己的靈性本質時，你周圍的環境開始偏移並飄出焦點之外。

想像在你面前有一個金色的藏寶箱，它的鎖已經解開，蓋子也打開了。寶箱裡出現一股小旋風。花點時間快速地回顧你的一天，速度就像從你醒來到此刻那麼飛快地進行。當你回顧一天時，如果有什麼事讓你感覺有壓力或心煩的話，把焦點放在它上面。深吸一口氣，然後吐氣，想像這情形像一朵雲一樣，隨著你的呼吸，從你的身體飄走。

感受這朵雲承載著你對這情形的所有壓力、焦慮、思想和情緒，當它漂浮到藏寶箱上方時被吸入小旋風和藏寶箱內。現在有意識地確定你要將它釋放了。重複做此技巧，直到你將一天當中的所有壓力都解除了。

當你完成後，你可以選擇打開藏寶箱。所有你放進箱子裡的壓力都轉化成解決辦法，它們從藏寶箱中放出光芒，像彩虹般在空中拱起，落在你的周圍。花點時間感受那股平靜與內在的力量以迎接生活中的挑戰。要知道這藏寶箱已經為周圍環境傾注了解決方案，使你能夠輕鬆地解決問題。看著藏寶箱蓋起來並鎖好。

精神聚焦的流貫，非強迫的力量

在這樣一個充滿壓力的世界裡，學會深度放鬆可以提高我們的生活品質。當你想要開始進行冥想或能量工作時，學會放鬆是第一步。身體平靜下來之後，你的頭腦也會跟著放鬆，開始進入一種意識聚焦的狀態，消除任何精神背景的雜音。身體能保持神清氣爽對於頭腦、情感和意志的清晰是十分重要的。

放鬆是任何通靈工作不可或缺的一部分。放鬆使我們處於一種不執著的狀態，在此狀態下，我們不會固守那些會妨礙我們接收心靈感應的東西。身心放鬆了，我們就會釋放情緒、心理和身體上的干擾。處於放鬆狀態能使人更容易有接收度和清明度，這使我們敞開自己進入正念的狀態。正念能促進覺知，覺知則是智慧的關鍵。

我發現當有人開始追求靈力開發時，最容易犯的最大錯誤之一是他們太努力了。我並不是說他們在開發靈力的本身投入太多精力。我的意思是他們傾向於利用練習、技巧和冥想來強迫自己開啟靈力。靈力依靠的是精神上放鬆的超脫狀態。一朵花不會因為被強行掰開花瓣而開花；同樣的，精神緊繃的狀態是無法讓你有通靈接收力的。通靈接收力伴隨的是一種精神上被動的狀態，但同時保持聚焦和開放。我們透過放鬆來敞開自己，我們要的是一種精神聚焦的流貫而不是強迫的力量。

透過放鬆，我們消除了自己內在的干擾，變得更善於分辨我們正從別處接收的東西和我們自身產生的東西。靠著規律性的放鬆和冥想，即使在最混亂的情況下，我們也能開始進入一種正常的放鬆和正念的狀態。但是，在學習放鬆和冥想的同時，我們希望確保環境也能支援這種精神狀態。這裡有兩個不同的放鬆練習提供你做試驗，你也許會發現其中一個比另一個對你更有用。

放鬆的繭

　　花點時間先伸展身體，然後找到一個舒服的姿勢——如果你想躺下來也可以。將焦點放在你的呼吸上。慢慢地、有節奏地深呼吸。不要使勁，只要找到一個適合你的節奏。

　　每次吸氣時，想像自己吸入了祥和寧靜的能量。每次吐氣時，想像你把身上所有的壓力或緊張都吐出去。壓力開始像蒲公英的種子一樣在風中飛散，當它們飄走時帶給你越來越清晰的感覺。

　　觀想你的腳下有一個光球，球體的顏色帶有一種非常沉穩的白色和淺薄荷色。它具有通風、冰涼、溫熱和刺痛的特質，有深層舒緩和療癒的作用。任何你用意志引導它碰觸的地方，都會完全地放鬆。

　　現在開始將這光球向上移到你的肩膀，放鬆它所接觸到的每一塊肌肉——從身體的前面到後背。當它到達你的肩膀時，把這光球往下帶到你的手臂和手上，讓它經過時所碰觸的每塊肌肉都放鬆。接著將光球從脖子往上帶到你的臉上——在你的眼睛、下巴和臉部的肌肉都停留一會兒。

　　仔細聆聽你的身體——它有哪裡感覺不舒服、緊張或疼痛的？把光球帶到那個部位，當你吸氣時，觀想你的氣息充滿這個部位。肯定你的身體隨著你的意念而放鬆。

將光球帶回你的腳下，它在那裡變成了一條能量毯。現在，在你的巫師之眼中，開始把這條能量毯往上拉，並將你的身體包起來——就像一個放鬆的繭那樣。當你完全被這個放鬆的繭包起來時，觀想它開始融化並滲入你的皮膚，深入你的肌肉、神經、骨骼——給予你一種更大的放鬆感。

`練習7`

星星式放鬆

先坐下來，找個舒服的姿勢，然後閉上眼睛。做一次深呼吸。當你吐氣時，感覺你在當下承受的任何壓力或緊張，都在吐氣時跟著排出去。假裝時間開始變慢了。隨著時間變慢，你會更加意識到自己內心的存在。當你越來越覺察到自己的靈性本質時，你的周圍環境開始偏移並超出焦點之外。執行「壓力藏寶箱」的技巧（練習5）。

一旦你感到心理和情緒上的放鬆，就開始觀想有一顆白色的星星在你的頭頂上發光並隨著彩虹放射的燦爛光芒跳動。流光從這顆星星開始傾瀉而下，看起來像是一顆美麗的蛋白石，有著白色及稜鏡折射的不同色調。

流光照在你的頭頂上，彷彿是一種具撫慰作用的溫熱蜂蜜或溫熱蠟油一樣，讓每一件它所碰觸到的東西都放鬆，它開始覆蓋你的頭部、臉部和頸部，完全緩解了這些部位的

緊張感。流光開始傾瀉到你的肩膀、胸部和上背部，放鬆並釋放任何的不適或緊張。它繼續向下傾瀉到你的胃部和下背部，你的手臂和手，放鬆並釋放你可能感受到的壓力。

最後，流光覆蓋了你的大腿、小腿和腳，帶給它們完全的舒適感。現在，你已經完全被包覆在這流光中。它好像虎標萬金油一般，開始產生輕微的刺痛感，並舒緩你可能感覺到的任何痠痛。

就像影片倒帶的過程一樣，流光開始反轉方向，往回移到腳、小腿、大腿、手、手臂、下背部和腹部、上背部和胸部、肩膀、頸部、臉部和頭部。然後，它流回星星，並完全離開你的身體。現在深吸一口氣，仔細地掃描你的身體，釋放你體內可能仍然感覺到的任何緊張感。

練習 8

通靈調節器

高敏感的人面臨的最具挑戰性的障礙之一，就是要學習如何控制訊息的不斷輸入，有時甚至要關掉它。承擔他人的能量會消耗我們的精力，使我們變得脆弱而容易受傷。掌握自我和通靈感知有一部分是要學習如何設立界限，並弄清楚什麼是你的和什麼是別人的東西。以下有一個超便利的技

巧可以用來控制能量方面的情況。如果你收到的通靈訊息太安靜而想增強它，或是你在做冥想、通靈工作或能量工作而外來能量的侵入性太強或太吵，使你難以放鬆和專注時，都可以使用這個方法來調整。這是我從爾瑪‧凱‧索耶（Irma Kaye Sawyer）那裡學到的技巧。[10]

從深呼吸開始。觀想在你面前有一個調節光線的開關，它可以放大或降低通靈的視界和音量。就像調光開關或音量旋鈕一樣，在心裡跟自己確認：如果將旋鈕向右旋轉，訊息會增加；如果將旋鈕向左轉，訊息會減少。花點時間觀察你認為自己感受到的能量是太強或太弱。用你的意念把旋鈕轉往適當的方向，使能量的衝擊增加或減少。

這個技巧有另一種變化形式是，看見你頭上有一個水龍頭將通靈訊息填滿你的氣場。就像調節器一樣，看見你面前有一個水龍頭開關。跟自己確認這個水龍頭可以增加或減少填充你氣場的通靈訊息。花一點時間看看你感覺自己感知到的通靈訊息是太多還太少，用意念把水龍頭開關往適當的方向轉動，使能量增加或減少。

---

10. Irma Kaye Sawyer，*The Brightstar Empowerments: Compilation Edition*（自行出版，2016 年），28-29頁。

生命的氣息

　　呼吸是外在世界和內在世界之間能量的橋樑。呼吸將內在和外在結合在一起，創造一個能量流的連結和迴路。「精神」（spirit）這個字來自拉丁語 spiritus 一字，意思是呼吸，它經常被喻指為靈性。呼吸本身就是生命原力的這個觀點，在不同的文化中有相似之處，人們將其稱為普拉納（prana）、拉奇（ruach）、瑪那（mana）、特萊斯瑪（telesma）、氣（chi、ki）、努曼（numen）、奧根（orgone）、普紐瑪（pneuma）、奧德（od）和奧丁之力（odic force）[11]。我們藉由呼吸的作用，能直接運用生命原力的能量。有些類型的呼吸可以平靜和放鬆身心，其他類型的呼吸則能改變身體節奏來熱身並活化身心。

　　有意識的呼吸有助於發展生命紮根的連結和樂趣。透過呼吸，我們可以達到更高層次的冥想和意識狀態。由於呼吸是如此微妙且通常是自動的，因此藉由調整呼吸的吐納，我們可以增強自己心智的能力，以專注並感知精微本質的事物。

---

11. Christopher Penczak，*The Inner Temple of Witchcraft: Magick, Meditation and Psychic Development*（Woodbury, MN: Llewellyn Worldwide 出版，2013 年），78-81頁。

練習 9

元素的四拍呼吸

　　四拍呼吸〔square breathing（在瑜伽練習中有時稱為四倍呼吸 four-fold breath）〕是一種毫不費力的技巧。這種呼吸能培養一種平衡、歸於中心和靜謐感。因此，我在進行這個呼吸技巧時，還加入了四大元素的力量。這樣一來，我就可以利用遍及萬物的元素動力，讓自己更深入地達成內在和外在連結的平衡。

　　進行「星星式放鬆」的練習。用鼻子做一個深長而穩定的呼吸，以從一數到四的節奏進行，每數一個數字的同時，就按順序默想以下每一個元素的名稱：

「土、風、火、水」

　　當肺部吸飽空氣時閉氣，從一數到四，每數一下的同時，心裡就依序想一個元素的名稱：

「土、風、火、水」

　　用嘴吐出一口長而穩定的氣，從一數到四，每數一下就依序想一個元素的名稱：

「土、風、火、水」

　　將肺部裡的氣排空後閉氣，從一數到四，每數一下就依序想一個元素的名稱：

「土、風、火、水」

不斷重複以上的步驟，直到你感到寧靜、平衡和清明為止。

太陽式呼吸

「太陽式呼吸」是一種在瑜伽練習中通常稱為「風箱式呼吸」（bellows breath）的變化式技巧。它能夠激發和活化你的大腦，並提升能量。如果你想提高振動頻率或增加能量水平，或如果你感到精神有點昏沉或疲勞，這是一個很有用的技巧。練習時如果你開始覺得頭暈或站不穩時，先停下來休息一下，然後用慢一點、緩和一點的吸氣和吐氣的步調再試一次。

執行「星星式放鬆」的練習。你要用鼻子稍微用力地深深吸氣，確認你在數著一並且吸氣的同時，你的腹部跟著鼓起來。當你吸氣時，要觀想太陽隨著你的氣息，快速地從地平線上升起。接著用嘴巴稍微用力地深深吐氣。確認你數著一並且吐氣的同時，你的腹部往內縮。當你吐氣時，要觀想太陽隨著你的氣息，快速地落在地平線上。重複這個步驟十次。休息片刻，直到你的呼吸恢復到一般的速度，這通常約需要 30 秒。再做另一回合的十次呼吸，然後休息。接著再重複做另一回合的十次呼吸來完成此練習。

月亮式呼吸

　　「月亮式呼吸」是變化形的「元素四拍呼吸法」。它有助於你的身心達到深度平靜，放慢你的思維。如果你想減緩你的振動頻率，降低你的能量水平，並想要展現一種猶如靈視力或靈媒能力的靈能方式，這是一個很好用的技巧。你不需要在呼吸時，一邊從一數到四，一邊想著元素的名稱，而是以從一數到六的節奏觀想月亮的週期。

　　執行「星星式放鬆」的練習。用鼻子做一次深長而平穩的吸氣，從一數到六。吸氣時，觀想月亮漸漸變圓，也就是看著它從新月到滿月的演變。當你看見滿月的同時，肺部也吸飽空氣，這時屏住呼吸數六下。接著同樣以從一數到六的節奏，用嘴巴吐出一口深長而穩定的氣息，同時觀想月亮漸漸缺損，也就是看見它從滿月變為新月。當肺部的氣排空時，屏住呼吸數六下，同時一邊觀想著新月。重複這個過程六遍。

第三章

調頻

敞開心來覺察精微能量並與它互動，可以徹底改變你的生活；它能幫助你找到清明，為你的生活帶來平安，賦予你自己與他人力量，並在我們的世界中創造有效的改變。但是，我們不應輕忽由此產生的責任，或我們在做這件事時的不當行為所可能帶來的風險。我在這裡協助引導你，讓你能安全地敞開自己來感知這些能量，也安全地關閉你自己，如此你才能避免受到靈訊的不斷轟炸。

在學會怎樣利用觀想和呼吸來放鬆身心後，我們現在可以聚焦在怎樣讓自己變得更有接收力。我們需要確保自己把所有的意識都帶入內心，並進入 α 腦波的狀態下運作。藉由深入我們的內在世界，我們可以影響我們的外在世界。我把以下的練習（從練習12 到 18）稱為一組「調頻」（Tuning In）的練習。說到「調頻」這個術語，我腦中就出現兩個影像。一個就像你把收音機對準你要的電台才能收聽到對的廣播節目一樣，我們要確保自己能夠調頻到可以準確接收能量訊息的狀態。還有一個我想到的概念是幫吉他調音，以確保它會演奏出清楚正確的音符；我們也希望確保自己能清楚地傳遞和發送我們的能量訊息。

這一整組的「調頻」練習是由能量接地、上吸地球能量、下引天體能量、建立一個迴路、歸於中心、進入 α 波、以及設定一個心靈提示所構成的，它們需要按此處的順序進行。「關閉啟靈」（Closing Down）是指退出 α 波、執行通靈沖洗、召回你的能量、

能量接地和歸於中心，同樣要按這順序完成。進行調頻能開始發掘你思維的潛能，等你花了時間和精力熟練調頻之後，做起來就不會像你在建立習慣時那麼費時。在本章之後除非另有說明，否則在開始進行每一個練習之前都要先做「調頻」的練習。在此我們正在建立一個實修的穩固基礎，好讓本書的所有工作都架構在它之上。

·

避免能量耗竭和魔法衝擊

過去這幾年的每個十月份，我都在麻薩諸塞州的一家叫做塞勒姆魔法屋（Enchanted in Salem）的巫術商店裡提供通靈解讀的服務。雖然這家設在皮克林碼頭（Pickering Wharf）的古樸小店和人潮眾多的埃塞克斯街（Essex Street）離得很遠，但我可不敢低估那裡的人潮或繁忙程度。不管就歷史上或現代習俗上來說，塞勒姆（Salem）這個小鎮都算是巫術的代名詞，它每年大約可吸引 25 萬名遊客的到訪，熱鬧的程度很像是萬聖節和狂歡節的混搭慶典。

因此，這整個月的每一天，我都不斷忙著為人們做解讀，一點空檔也沒有。當我剛開始在那裡工作時，整天都在打開通道接收靈訊的意識狀態，後來我發現自己竟開始讀起身邊每個人的資訊，但他們都不是我的個案。用這樣的方式來通靈解讀已經讓你有不堪負荷的風險，如果你無法即時關閉它，能量耗竭的感覺會急劇加深。

能量接地技巧的命名是從電氣接地的原理而來的。基本上，電氣接地指的是當你有一條未使用的中性線，這條線會用來吸收電流並將電流引到地上，這樣用不到的多餘電力就有了安全的出處。它能確保你不會因為多餘的電壓而導致保險絲燒毀或跳電。如果有人觸摸沒有接地的電器或設備，他的身體就會充當接地線的功能，受到電力的衝擊，使身體承接其震盪的效應。在進行解讀時，就像用電一樣，如果你沒有將能量接地，你將冒著以超出你的系統所能承受的通靈力或魔法力來工作的風險，而且可能會傷害到自己。另外有一種概念是把接地看作是解除多餘能量的釋放閥。在能量工作的許多方面，接地都是最重要的保護形式之一。

　　我也有過在進行需要強力能量的魔法工作之前，沒有確實做能量接地和歸於中心的步驟而遭受到一些所謂的「魔法衝擊」。魔法衝擊就像它聽起來的那樣，能量會捲入激烈碰撞的狀態。受到魔法衝擊的症狀會好像你在車禍中被猛烈撞擊一般，身體有如染上流感那樣疼痛、意識模糊不清，還有一種瞬間被吸乾能量的感覺。這種經驗不僅讓身體有受撞擊的感覺，也會對個人產生影響。

　　你遇過的能量治療師、通靈師或巫師，有沒有那種好像完全失去理智，與這個世界脫離的人？那可能是因為他們沒有做好能量接地，才讓能量燒毀了自己的緣故。你注意過他們當中有些人有多麼像在一天內服用太多迷幻藥的人嗎？形容嗑了過多迷幻藥的人，同樣也是用「他們燒毀了自己」這句話。這是受到魔法衝擊後長期未得治療的後果。接地能夠擔保我們不會耗盡自己的能量。太多的能量可能會損壞我們的系統。它會以很多型態顯現出

來，包括精神恍惚、頭昏眼花、或身體痠痛，更嚴重的甚至是生病，以及心理和情緒的失衡。

身體有它本身自然的接地方式，但自然接地的作用僅限於處理不帶意識傾向的能量。消化即是人體自然接地的一種方式。某些食物（例如蔬菜和水果）有助於提高你對能量的感知和能力，但就能量接地而言，最好的食物通常是黑巧克力、碳水化合物和紅肉。不過，每個人對飲食和健康的需求都不相同，因此在食物方面要靠自己的辨識能力去挑選。如果需要進行緊急的能量接地，建議可將腳、膝蓋、手、手臂和頭頂貼在地板或地面上維持幾分鐘，然後想像你身體系統的所有多餘能量都流出來並安然地落實地面。坐下或躺下也能幫助你完成接地，有些人就很喜歡赤足走在泥土或草地上來讓自己接地。

能量接地和歸於中心的技巧對任何能量工作的健全性來說都非常重要，在充滿能量過載的世俗生活場域中，例如面臨讓你感到不堪負荷或消耗你精力的情境、人或地方，它們也是很有用的。這個技巧能夠協助的情況有：嘈雜的大型團體；擁擠的人群；有攻擊意味的情緒能量；刺耳的聲音（尤其是你不喜歡的吵鬧音樂）；當某個靠近你的人有過度煩躁、敏感或生氣的狀態，而你正在吸收那個能量時；或當你感到特別昏沉，有種頭重腳輕、不踏實的感覺時。接地技巧足以確保你在大多數通靈和魔法工作下的安全和健康。

能量接地

　　確定你的雙腳站穩在地面上，兩腿分開大約與肩同寬的距離。假如你是坐在地上，請確認雙腿是交叉的。用一點時間將注意力集中到你的身體上，感覺所有自然的能量貫穿你全身。把你的意識帶到頭頂，再將注意力慢慢往下移動，掃描你的身體。當你掃描到骨盆時，想像你的能量像樹根一樣穿過雙腿。繼續掃描你的身體意識，當你感覺到自己能量的根漸漸紮進地底時，把這種自我檢查的感覺往下帶到離你的腿更遠的地方。用一種堅定卻放鬆的意志力，把你的能量往下伸展到你腳下的根，這些根是你能量體的延伸。

　　這些根開始向下穿過土壤和岩床，穿過地底的洞穴和氣穴，再穿過地下的水流，最後到達熔岩核心。熔岩核心不會燃燒或引起任何疼痛；相反的，當你用你的能量感受到它的溫暖時，它能更深入地撫慰你。你的能量根一直穿過熔岩核心，直到它們到達正中間的地心。這顆心是由美麗、明亮的白光構成的，它是無窮力量的源泉，是地球本身的魂靈和意識。這是作為巫師的你會遇到的最重要的能量之一。當你感覺到地心的白光時，你會發現它的能量就像一場夢和一首歌。你需要花點時間來思考它的意義並深刻地感受它。地球

的夢想之歌是強大的，但它是一種穩定、安全和錨定的力量——一種自我調節的能量，它能確保你得到的能量是你負荷得了的。任何你無法處理的能量都會透過你的能量根釋放出來，祝福並治癒地球和地球上所有的居民。停留片刻來感受你紮根地球的穩固度。你已經完成能量接地了。

能量接地和吸引能量

深深紮根並開枝散葉

　　能量接地的練習是表面看似淺顯，但對於能否掌握能量的關鍵來說卻是很重要的，它也是一個你應該全天候都要謹記在心的練習。你不必做任何能量運作就能讓自己接地。在一天中每當你感到不知所措時，就做一次檢視，問一問自己，你感覺自己有多腳踏實地？接地不僅可以確保我們承擔的能量負荷量（無論是情緒上、心理上、精神上、身體上的，或是任何其他類型的能量）是安全的；還能確保我們是來自一個有力量的地方。你試過拔草嗎？根部最粗壯的雜草是最難從地上拔除的，但樹根更加粗壯。因為我們是利用樹的影像來進行能量接地，我覺得這樣舉例是一個鮮明的比較。確認自己做好能量接地，也將幫助你成為一個更強大的通靈巫師。多練習接地技巧幾次，真正去體會你在有接地時和沒有接地時的個別感受是怎樣的。

　　就像一棵樹一樣，你的根紮得越深、越穩固，你能吸收到的營養和水分就越多。實踐穩固的接地不僅能釋放能量，也能成為一種吸收能量的方式。這能確保你不會用到自己本身的能量來工作，也不會消耗你正常的能量來源。在下一個練習中，我會教你用一種健康的方式從地球吸收外在能量來運作——就像一棵樹，它的能量有一部分是來自天上，即我們所屬的恆星：太陽。接下來的兩個練習中，我們將上吸地球的能量和下引天體的能量。在古文化中，地球和天空被推崇為重要的互補勢能，因此通常把它們

當作天神的伴侶而結合在一起。例如，希臘文化裡有蓋亞（Gaia）和烏拉諾斯（Uranus），埃及文化裡有蓋布（Geb）和努特（Nut）。在《梨俱吠陀》（*Rigvedas*）[譯註]12中，我們看到有迪奧斯皮塔（Dyaus Pita）（天空之父）和普里特維瑪塔（Prithvi Mata）（大地之母）。這個主題幾乎遍及整個文明，是關於完全不同卻互補的極性勢能最原始和最典型的形式之一。

因此，我們將與這兩股能量合作。接地後，你可以進行「上吸地球能量」的練習，體驗它的感覺。你可以從「上吸地球能量」的練習接著做「下引天體能量」的練習，或者你也可以做完接地後跳過「上吸地球能量」而進行「下引天體能量」。我建議在了解這兩股能量結合在一起之前，先熟悉一下個別能量的感受。隨後，我們將創造一個由這兩股能量組成的迴路，讓它們不斷地貫穿你。這樣一來，你就有了可以供你支配的外在能量而不必消耗你自己的能量了。

練習 13
上吸地球能量

在你已經掌握能量接地的技巧之後，你將需要再執行它一次。這次我們要把地球的能量往上吸進我們的體內。把你的意識帶回你的能量根部，向下穿過土壤和岩床，穿過地

底的洞穴和氣穴，穿過地下的溪流，經過熔岩核心並深入到地心灼熱的白光中。就像樹根吸收水分一樣，開始用你的能量根吸收白光。由下往上穿過熔岩、地下溪流和河流，穿過洞穴和氣穴，再穿過岩床和肥沃的土壤，將光吸收上來。讓地球的夢想之歌貫穿你全身，為每個細胞充飽能量。

練習14
下引天體能量

把你的意識帶到身體，感覺你的能量開始用一種類似你紮根的方式，往上貫穿你的身體，觀想它就像一棵樹的樹枝那般延伸到你的肩膀和頭頂之外。感覺你的意識超越了你的身體，將這些樹枝往外擴展。當它們向上移動時，它們長出越來越高的枝枒，直達天空。當樹枝越過大氣層進入太空時，它們開始庇蔭你。天上的星星開始閃爍和跳動，肯定你擴展出來與它們接觸。

這是純然的天體能量、音樂宇宙（ Musica Universalis ），或蒼穹音樂、和諧共鳴之歌。花一點時間沉思它的意義，並深刻地感受它。天體能量是你在靈力方面遇到的最重要的能

〔譯註〕12.《梨俱吠陀》是古印度婆羅門教吠陀經中最早出現的一卷，內容為雅利安人對神的讚歌。

量之一，因為繁星的星體能量能看見並知曉一切。它們開始為你發出越來越亮的光芒，用耀眼的白光填補了空虛。現在開始用你的樹葉和樹枝吸收這種能量，好像進行能量的光合作用那樣。把能量從你的樹葉和樹枝向下吸引到你的身體裡，用這神聖的能量充滿你自己。

建立一個能量迴路

做一次深呼吸，這次同時以往上和往下兩個方向擴展你的能量意識，觸及不同的樂音之處。吸收它們的能量的同時，將它們引進你的身體內。這一次在運作地球能量經由你的樹枝向上供給天體能量的同時，也運作天體能量向下進入地球能量。不斷重複這個過程，以你自己作為導管讓能量上下來回地運行，形成一個動力的迴路。你是大地和星空的孩子；你是一個通靈巫師。把你的意識帶回你的身體，心裡明白即使你的意識沒有放在這個能量迴路的時候，它依然在那裡進行它的工作。

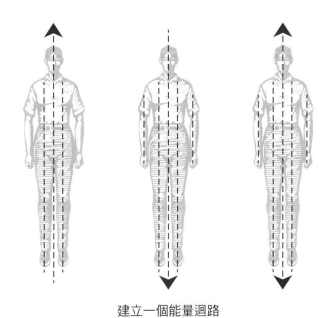

建立一個能量迴路

能量的穩定性

　　歸於中心（歸心）是一種用來穩定我們內在能量的冥想技巧，使我們與更高的宇宙能量調和，並建立一個關係模型，我們在其中與存在的一切都相互關聯，因而創造一種存在感。就像我們身體的所有的物質都集中在體內的物質重心一樣，我們也有一個靈性中心是所有能量集中的地方。這個靈性中心是心輪，它是較高和較低頻率，以及我們的高我和低我之間的橋樑。歸心是把你所有的注意力、能量和力量都集中在心輪的行為。在前面的練習

中，我們讓地球能量由下貫穿我們的身體，以及讓天體能量由上貫穿我們的身體來形成一個迴路。歸心則把這些能量固定在一個聚焦的動力來源中，這樣我們便能動態式地召喚能量。

不同宗教與靈性道路的密契學家與卓見者經常宣稱上帝就是愛，或者說一切都是由聖愛所組成的。歸心是與宇宙交融，成為神聖之心和神聖心識。巫師把這種相互連結的歸心狀態稱為「完美的愛和完美的信任」。歸心是兼併了個人擴權與臣服萬有的一種矛盾狀態。完美的愛是承認存在於萬物中的神性，理解有一種統合的智慧力量貫穿並體現一切，是一種神聖的精粹本質。完美的信任是把你個人的自我意識交託給統一的宇宙意識。

許多有通靈能力和靈媒能力的老師會專注於要從愛的空間來開啟和接收訊息，並信任他們在這種歸心狀態下所接收到的一切。完美的愛和完美的信任是一個相似的概念，我們除了努力讓自己與萬有的愛和諧共振外，也要信任我們所得到的能量。我們正在把自己調整到一種超越自我，以及超越我們對自我定義的看法的頻率，並將這種意識帶入我們內心的一個匯集中心。我們正在把內在和外在、天上和地下、他人和自我的領域匯集作為自己內在的一個空間。這體現了「在上如此，在下亦然。內在如此，外在如是。」的赫密斯公理（Hermetic Axiom），並將它統合為一。

歸心也藉由創造一種感覺，引導我們接近所有宇宙中存在的一切。這種歸心的意識形成了一種密契學家所說的「當下存在」的態度。你可以把它與日心說做比較，日心說主張太陽系的所有行星都圍繞著我們的太陽轉動，太陽系是所有行星軌道運行的中心

點。將這學說裡的太陽換作自我意識，行星換作整個宇宙。歸心把我們的感知定位為宇宙的中心。

歸心

　　想像你是宇宙的中心。宇宙中的一切都與你這個中心點直接相關。把你的注意力帶往你腳下的方向，朝著這個方向延伸到宇宙本身的邊緣。觀想有一個巨大的石英晶體在宇宙的邊緣，在你腳下的方向遠遠地閃耀著稜鏡散射的彩虹色光輝。水晶閃爍精粹的聖愛。想像有一束穩定的彩光迅速地從它射出，一直射向你的腳，接著它被往上吸入你的身體裡，直達你的心輪。感受這種宇宙之愛在你的心輪內跳動著，把你和構成所有實相的愛連結起來。

　　重複這個把注意力帶到宇宙邊緣的水晶，充滿宇宙之愛的運作過程，依序在你的前方、後方、左側、右側和上方各進行一次。

　　花一點時間，感受一下集中在你心輪的六道能量射線，為它注入一種清明、和平、平衡、靜謐的感覺，以及最重要的宇宙之愛的感覺。任何讓你感覺過多的能量都會毫不費力地被你的接地線所吸收。要知道，你的心是宇宙本身的

紐帶，充滿著燦爛的光芒；也要明白，當射線的視野逐漸消失時，你仍然凝定中心，而你所要做的就是聚焦在你的心，把心作為你定位自己的實相中心。

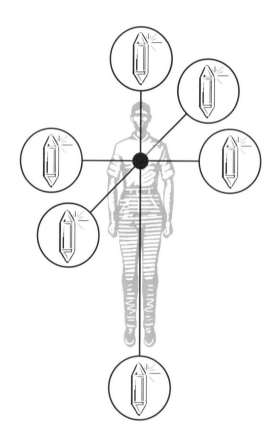

將你的能量歸於中心

進入 α 波

　　進入 α 腦波狀態的方法有很多種，但是它們都遵循著相當類似的模式，也就是將注意力集中在顏色和影像的混合，使它們在你的巫師之眼中變得栩栩如生，然後慢慢地倒數計時。這個練習是我最喜歡的 α 波技巧，它是我根據自己對巫術長老勞麗・卡柏特在「卡柏特巫術傳統」（the Cabot Tradition of Witchcraft）和克里斯多福・彭恰克在「巫術傳統聖殿」（the Temple of Witchcraft Tradition）中的研究而開發出來的。他們兩位都各有不同的方法來達到 α 腦波的狀態，但這個技巧是我自己開發的，靈感來自於用他們的技巧所做的實驗。

　　想像夜晚時你待在森林裡的一片空地上。你知道你在這片森林中是完全受到保護且平安的，你抬頭仰望，看見滿月掛在你頭頂上，周圍有繁星點綴著夜空。月亮向下發射了一顆小小的晶面拋光寶石，大小約三吋乘三吋（約 7.6×7.6cm），這顆寶石往下降並盤旋在你面前。你開始聽見在你頭頂上響起一首空靈而優美的交響樂曲。

　　你抬起視線，注意到北極光在你上方呈現出一種美麗的深紅色。你看到北極光在夜空中飛舞和跳動。你面前的寶

石在開始反映這種顏色之前，變成豔麗的紅寶石色。

北極光變換成深橘色。當你看著北極光在夜空中飛舞和跳動時，你注意到寶石在開始反映這種顏色之前就變成溫暖的琥珀色。

北極光再次變色，這次轉變成亮黃色。當你看著北極光在夜空中飛舞和跳動時，注意到寶石在開始反映這顏色之前就變成明亮的黃褐色。

北極光再次變色，這次變成了活潑的綠色。當你看著北極光在夜空中飛舞、跳動時，注意到寶石在開始反映這顏色之前已變成鮮活的翡翠綠色。

北極光再次變色，這次變成了深藍色。你看見北極光在夜空中飛舞、跳動時，注意到寶石在開始反映這顏色之前已變成藍寶石色。

北極光再次變色，這次變成尊貴的紫羅蘭色。你看見北極光在夜空中飛舞、跳動時，注意到寶石在開始反映這顏色之前就變成高雅的紫水晶色。

北極光又再變色，這次變成清亮的白色。當你看著北極光在夜空中飛舞、跳動時，注意到寶石在開始反映這顏色之前就變成燦爛的月光石白色，並散發出彩虹的光芒。

這時空中的北極光逐漸消失，你把目光投向你面前的寶石上。當你專注地看著寶石時，它開始依序在所有顏色中

跳動：紅色、橙色、黃色、綠色、藍色、紫色和白色。你開始倒數，感覺到自己每數一個數字，就進入越來越深的內在：七、六、五、四、三、二、一、零。現在你已經在 α 波的意識狀態了。

練習 18

設定心靈提示

　　你可能會發現自己會有出門在外，沒時間全然進入 α 波來做一次通靈工作或一個瞬間的魔法動作，卻仍有需要達到 α 波狀態的時候。你可以學會這個方法，以便在任何時候進入 α 波的狀態。然而，它不該是進入 α 波的替代品，而是當你出門在外，無法閉目進入 α 波狀態時才使用的東西。它只在你已有定期進入 α 波的習慣，並正確地訓練自己設定心靈提示時才會起作用。你可以回顧先前我在有關肯定語的章節中討論過的神經可塑性的概念。你是在訓練你的大腦，根據一個緊密連結的指令來執行某種手段。生理學家伊凡・巴夫洛夫（Ivan Pavlov）曾經進行條件反射的實驗。在他最著名的測試中，他每次餵狗時都會搖鈴，於是狗開始將聲音與食物連結在一起，最後當牠們聽到鈴聲時，就算沒有食物，牠們也會開始流口水。心靈提示是一種告訴大腦，你正在進入 α 波狀態的方法。

先坐下，放鬆並閉上眼睛。重複本章中從「能量接地」到「進入 α 波」的練習來進行調頻。創造一個你想用來當作心靈提示的簡單手勢，常見的手勢包括交叉手指，或用一根手指觸摸另一根手指。我們這些身為巫師的人希望自己的提示看起來很隨意又普通，這樣我們在施展魔法或利用靈力時就不會被別人發現。我強烈建議使用手指交叉法，因為它不但是個很輕微、難以察覺到的動作，而且大多數人已經把它和祝願或希望某事發生的概念（Fingers Crossed！）[譯註]13，或是和手指放在背後交叉暗示撒謊的概念聯想在一起。

在 α 波狀態下，保持這個手勢（比如交叉你的手指）並說出肯定語：

> 「每當我的兩隻手指交叉，
>
> 我就會進入當下的這種狀態，
>
> 我的靈力在其中流動，魔法力在其中成長。」

每次進入 α 波時都要做這個練習，才能不斷加強提示作用的關聯性。每當你需要快速進入 α 波時，試著使用你的心靈提示，看看你的意識狀態是如何變化的。做這個練習的次數越多，就能越快按照指令進入 α 波。

〔譯註〕13. 西方人說的「Fingers crossed」是一種祈禱、祈求好運，希望事情如人所願的意思，它字面上的意思即是手指交叉。

腦波夾帶

腦波夾帶（brainwave entrainment）也稱為腦波同步（brainwave synchronization），是一種假設性的理論，它主張我們的大腦有能力透過外部的刺激（脈衝光、聲音或電磁波形式的刺激）自然地同步到特定的腦波狀態。最常見和最容易達成腦波夾帶的方法是利用雙耳節拍（binaural beats）的形式。儘管這仍然是一個邊緣理論和研究領域，但我認識的許多通靈人——包括我自己——都相信它具有改變意識的能力。

雙耳節拍是兩種不同的聲音頻率結合在一起而產生第三種聲音的錯覺。為了創造一個雙耳節拍，需在左耳播放一個連貫且毫無波動的音調（例如 200 赫茲），而在右耳播放另一種穩定的音調（例如 205 赫茲）。大腦聽到的將會是一種波動的聲音，並將它當作一個全新的頻率（在我們列舉的例子中是 5 赫茲）來處理，就好像這兩個頻率產生了一個新的頻率一樣。

雙耳節拍需要用一副好的耳機，但當你需要處於警覺狀態時（例如開車），千萬不要使用。我建議針對不同的腦波狀態用不同的身體提示來實驗，例如用交叉手指來進入 α 波，用拇指觸摸食指來進入 θ 波。就如我在上一節說過的，我不建議用雙耳節拍來代替冥想作為進入 α 波的方法，而是把它當作是進一步鞏固腦波狀態和你的心靈提示之間連結的補充辦法。

關閉啟靈

　　我最常被問到的問題之一是如何關閉你的靈力。我能理解為什麼這是大家最常問的問題。在我讀過的所有關於靈力的書籍中和我參加過的所有課程中，大部分都是談論如何開啟通靈感知的，而幾乎沒有人探討如何關閉它。我認為沒有教你如何關閉通靈感知是不負責任的。我要明確的強調這一點，任何時候只要你調頻啟靈並完成通靈工作後，就應該隨時關閉它。所以如果你只做一個練習，做完之後就關閉啟靈。如果你一次做好幾個練習，請在完成所有的練習後關閉它。因此，雖然在這一節之後的練習沒有提到要關閉啟靈，但請假設你就是得這樣做。如果你不這樣做的話，可能會導致你產生能量耗盡、脫離現實、筋疲力竭、精神錯亂和負荷過重的情形。切記，你可以隨時使用「通靈調節器」（練習8）來修改你接收訊息的輸入強度。

練習 19
退出 α 波

　　要退出 α 波，只需閉上眼睛，聚焦於你的身體和環境，同時從零開始數到七。肯定你正在恢復到正常的意識狀態。慢慢地睜開眼睛，開始活動一下身體。將注意力的焦點放在你的身體和實體環境上，就可以幫助你退出 α 波。

建立一個實體的提示來協助你穩固通靈和魔法工作的完成，也可能很有用。譬如我左手的拇指上戴著一枚赤鐵礦戒指，每當我進行通靈解讀時，我會摘下戒指，在潛意識裡告訴自己，我已經準備好進入另一種意識狀態了。同樣的，當我完成通靈解讀或能量工作後，我會把戒指戴回拇指上，以再次強調我已經結束這種意識狀態，並準備回到我的正常意識狀態。最後再做一次能量接地來退出 α 波。

練習 20
通靈清理

這個技巧類似於勞麗·卡柏特在「全面健康清理」和克里斯多福·彭恰克在「清理與平衡」當中所教導的做法。此技巧可用來釋放你在魔法工作或通靈解讀中可能承擔的所有能量。在與個案進行通靈或魔法上的互動時，往往會吸收到個案的某些能量。這技巧能確保你釋放任何不屬於你的東西，也能確保你不會出現他人的健康症狀、情緒狀態或思想形式，並且不會出現你才剛完成的魔法工作的狀態。

搓搓你的雙手，觀想能量開始從雙手散發出來。觀想這能量像瀑布一樣湧現，感受能量從你雙手的手掌中流露。把雙手放在脖子後面幾英吋的地方。將雙手從頸根移動到頭頂上方，再移動到身體前面；觀想它穿過你的身體，沖走任

何不屬於你的能量，同時說出：

「我釋放並清除所有不屬於我的能量。」

練習21

召回你的能量

另一個我喜歡做的技巧是召回我的能量。就像你吸收了別人或其他環境的能量一樣，你也可能會失去自己的某些能量。透過執行通靈清理和召回你的能量，你可以確保每個人的能量都被適當的分類，並回到它真正的主人身上。

將你的注意力帶到頭頂上幾英呎高的地方，觀想那裡漂浮著一顆銀色的球，大小和你的拳頭差不多。想像你正在用黑色的簽字筆在銀球上寫下你的名字。當你這樣做時，銀球開始發光，並開始產生像磁鐵般的磁吸作用。它將開始把你在解讀或能量工作中錯置的任何能量吸回到你身上。它從你可能解讀過或治療過的對象身上收回你的能量。它把你可能已經流失到周圍環境中的能量帶回來。它開始帶回你在時空中或其他實相次元中失去的碎片。

當這步驟完成時，深吸一口氣，感受並想像銀球開始散發出金色的光。想像它的光開始灑落在你身上。它開始將你所有的能量碎片收回到你的身體和你的氣場，彷彿雨點般灑落在你身上，並被吸回你體內。心裡對自己說：「我是

完整的。」花點時間感受一下完整的感覺，把任何既不是你的，也不是你的個案的多餘能量都排入大地。

平衡和兩極分化

此練習是用來看看你的能量是如何平衡和兩極分化的。它可以確保你在心理、情緒、靈性和身體上都處於完全平衡的狀態。我會在做完任何通靈或魔法工作後，或當我感到不舒服卻不確定原因時做這個練習。

調頻，做一次深呼吸，並且對自己說：

「我召喚心理的天秤。」

想像你面前有個金色的天秤，就像正義女神手中的天秤一樣。伸出你的雙手，彷彿天秤就擺在你面前一般，將雙手各自放在兩個秤盤的下面。感覺一下它們的感受。兩邊的秤盤有一邊比另一邊重嗎？天秤兩側的高度有一側比另一側低嗎？現在肯定地說出：

「我把自己所有的心理能量平衡地分為兩極。」

當你說這句話時，調整你的雙手，就像要把你面前的天秤調整為兩邊平衡那般，知道自己正在為你的心理帶來兩極的平衡。接著召喚身體的天秤、靈性的天秤和情緒的天秤，並對這幾個天秤分別執行以上的步驟。

第四章

超感官知覺力

人們經驗到的超感官知覺力主要有五個類別：靈視力、靈觸力、靈聽力、靈嚐力和靈嗅力。幾乎所有的通靈現象都可被歸入這五大類，因為它們大致是我們的五種基本感官，即視覺、觸覺、聽覺、嗅覺和味覺的延伸。這種靈透感知力可能來自我們內在，也可能是外在的，我們將一起來進行探討。

我們生來就比較擅長這些通靈感官的其中一種，這也使得我們在使用這個知覺力時最得心應手。另一方面，我們也有一些沒那麼發達的通靈感官──有時這個能力甚至到了完全休眠的地步，使得這些感官完全被封鎖而隱藏起來。這些就是我之前談到的暗黑感知力。別擔心，這並不是說你沒有這種天賦，也不是說你永遠不會有那種知覺能力。它們只是進入休眠，正等著你喚醒它們。

當你的某一種通靈感官不是你天生的強項時，你必須努力操練它。你可能需要花幾天、幾個月、甚至是幾年，才能重新喚醒它，這取決於你操練時的認真態度和持之以恆的程度。把這種操練想成是在鍛鍊這些感官。就像人們在健身房裡說的：「沒有痛苦，就沒有收穫」、「你沒用到的功能就會退化」一樣，這兩句話套用在通靈能力上，道理也是相通的。你的通靈感官之所以進入休眠狀態，只不過是因為你的大腦以為你在平凡的現實生活中，不需要它們發揮作用罷了，但你並不會永久失去任何一種通靈感官。

喚醒靈力的咒術

你只需要準備一只裝滿冷水的玻璃酒杯來執行此咒術。我建議你在每個月的滿月時做一次，以加持並增強你的靈力。你將需要在戶外進行這個咒術。如果因為天候不佳而看不到滿月，別擔心，它仍然是有效的。

進行「調頻」的練習。從「月亮式呼吸」開始。把玻璃杯舉高到超過你的頭頂以上，讓月光透過玻璃杯照進來。如果是多雲的天氣，只要把玻璃杯朝著月亮最可能出現的大致方向舉杯就可以了，看看月光是如何斟滿酒杯的。舉杯對著月亮的同時，吟誦：

「借月光加持這杯水

我祈求祝福，

讓它可以改造我所有的感官，

提升並擴展我詮釋和理解的能力。」

接著將玻璃杯放在你的額頭，對著你的巫師之眼，吟誦：

「使我能看得更明白，

觸摸和感受得更真實，

嗅聞和品嚐得更精確，

聽到和知道得更清楚。」

把玻璃杯放在胸前心輪的部位，吟誦：

「我喝下月光，汲取成為魔法顯化的力量，

我現在宣告，所有我平時隱藏的感官

都被激發、被喚醒，

由此刻開始顯露出來。」

喝下整杯水，讓月亮的祝福浸潤你，被你吸收到體內。

練習 24
黑玫瑰

先做「調頻」的練習。觀想在一個美麗的花園裡，到處充滿著鳥兒的美聲鳴唱。你看見在你面前有個玫瑰花叢。在你的巫師之眼中，你站起來向走向花叢。當你走近時，發現每一朵玫瑰的花瓣都是深黑色的。停留一會兒欣賞這些玫瑰獨特的美。看看它的棘莖、葉片和花朵。感受陽光照在你皮膚上的溫暖。

用你的手撫摸著玫瑰，感受它們柔滑的花瓣。再順著它的莖，摸一摸莖上的刺。從莖上摘下一朵花，聞聞它芬芳的香氣。它聞起來的確像玫瑰花，但氣味比你聞過的任何一朵玫瑰都濃郁，而且另有一股自己獨特的芳香。現在，咬一下這朵花。當你這樣做時，你會驚奇地發現它有很濃的巧克

力味。花些時間好好嚐一嚐它的滋味。當巧克力的味道開始從你的舌頭慢慢地消退時，你感到一種深深的幸福和快樂感。這時你注意到那朵花在剛剛被你咬過的地方，開始重新長出完美的形狀，彷彿你不曾咬過它一樣。

把花放回你原來摘下它的地方。奇蹟般出現的是這朵花又變成了玫瑰花叢的一部分，就好像你一開始就沒摘下它。當它和花叢重新融合時，你會聽到一種天籟之音從四面八方傳來，還有一種玫瑰花叢表達感謝你的靜謐之音。

讓這觀想的畫面漸漸淡去。

現在用一點時間為你的每一種靈透感官打分數，範圍從1到10分，10分代表全然清晰的感知，1分代表無法喚起那個感知。這將幫助你了解自己天生的優勢所在，以及你需要多下工夫的地方。

靈視力：看到花園，看見黑玫瑰，能夠摘下玫瑰，看著玫瑰再生，並將它放回玫瑰花叢中

靈觸力：感受照在皮膚上的陽光、柔滑的玫瑰花瓣、玫瑰的莖和刺，感受到幸福和快樂的情感

靈嚐力：在你嘴裡嚐到花的滋味

靈嗅力：玫瑰花的氣味

靈聽力：鳥鳴聲、天籟聲、感謝你的微小聲音

靈視力

　　體驗靈視力有兩種不同的管道：內在靈視和外在靈視。內在靈視是你在自己大腦的畫面上看到某個東西的能力，體驗內在靈視靠的是象徵和幻景。外在靈視是能夠看見你普通視覺之外的覆蓋層，例如氣場、靈體、光球、火花和陰影。我天生就有外在靈視力。當我告訴別人，內在靈視力是我必須努力加強才能讓它一直保持清晰和生動的時候，他們通常會感到非常驚訝。

　　關於內在靈視力，要注意的是它有三個觀點：第一、第二和第三人稱，特別是在牽涉到內在幻景、內在旅程治療或冥想方面時。從第一人稱的角度來看，你看見的幻景就好像你身歷其境。第二人稱的觀點是你把看到的幻景，當作是發生在別人身上的事，你只是在現場的旁觀者，不是與幻景有關的主要當事人。第三人稱的觀點是當你在觀察情況時，完全是置身事外的，通常就像在你的腦海中看電影一樣。

腦海的畫面

　　你腦海中的畫面是你從巫師之眼裡看到的地方。大多數人認為他們「看見」自己大腦內部的影像，但是當他們熟悉這現象時，通常會發現它占據的是大腦外部的空間區域。這個位置通常在他們頭部前方六英吋到一英呎（約 15 到 30 公分）且略高於頭部的地

方。既然你一直在讀這本書，你可能已經進入輕度的 α 腦波狀態（閱讀就是有這種效果），而你讀到的文字正在你的腦海中創造影像。因此，我們來做個實驗看看。

我想請你想像有一隻粉紅色的獨角獸在草地上奔跑，當牠穿越過草原時，身後留下一道彩虹。在你讀這行文字時，你很可能會在腦海的畫面上快速閃現一隻獨角獸的影像，即使那只是一瞬間而已。牠在哪裡？請你試著往內和往外找到影像閃爍的位置。

讓我們再試一次。我想請你想像有一隻顏色紅黑相間的龍，牠很生氣地從火山中爬出來。那是哪裡？和剛剛是同一個地方嗎？有什麼地方不一樣呢？試著多觀想幾個不同的影像。正如我先前說過的，閱讀可以讓你進入輕度的 α 腦波狀態，所以小說的讀者們往往比別人能夠想出更清楚的影像，有聲書和小說也有同

你腦海裡的畫面

樣作用。我不是個閱讀大量小說的讀者；我偏好讀形上學和神祕學的書，但如果我想加強自己的觀想技巧時，我會去讀一本奇幻小說。從事視覺藝術工作的人往往也更善於召喚內在的幻景。

觀想也是一個魔法工具。我們可以利用清晰地觀想某些事物來引導能量。當我們觀想自己被防護盾掩護時，並不是我們實際做的這個觀想在掩護我們，而是視覺的影像將資訊傳遞給潛意識，也傳給你打算採取這個行動的三個魂靈。潛意識明白你正在尋找的是魔法或靈力的保護，因此為這個意念灌注了力量，進而執行保護的本身。觀想技巧對於魔法和開啟靈視力非常重要，就算我強調再多次也不為過。

練習25
觀想

要增強內在的靈視力，你需要一個可以握在手裡的簡單物品。我喜歡用水晶，因為它們的形狀通常很簡單，而且只有一種主要顏色。我喜歡利用它來為觀想能力的強化打下一個良好的基礎。讓自己進入冥想狀態，吸收水晶所有的形狀、結構面和顏色。用手轉動一下水晶，觀察水晶的每一個角度，盡可能地讓自己沉浸在水晶的每個細節中。接著閉上眼睛，嘗試記住它的樣子。試著在你的腦海中勾勒出它的影

像，也試著記住它的顏色和形狀。

做這個練習的關鍵是不要太用力。如果你嘗試要逼出觀想的畫面，它會變得更加困難。相反的，你要處於一種非常放鬆的冥想狀態，並抱持一種非常好玩和接納的態度來做這個練習。你想要進入的 α 波意識狀態，是一種很像做白日夢和放鬆的狀態。當你嘗試用巫師之眼強迫觀想影像產生時，它往往會出現反效果；使它變得更難以想像。當你完成觀想後，睜開雙眼，再次仔細研究水晶，並在你的巫師之眼中不斷重複這一個觀察水晶和重現其影像的過程。當你做完這些操練後，請閉上眼睛，再次在腦海中喚起它的影像。這一次，當你在巫師之眼中看到水晶的影像時，開始改變水晶的顏色和形狀。嘗試將水晶轉變成完全不一樣的東西。

另一個很棒的練習是利用照片，尤其是附帶某種景觀或地理位置的照片。照片上出現的影像是真實的地點或是超現實的場景都沒關係。仔細觀察這張照片，然後閉上你的雙眼，在巫師之眼中重現這張照片的影像。這需要練習，所以要像上一個練習一樣反覆地操練。現在，當你用你的巫師之眼，清晰地看到這張照片的同時，想像你自己在照片裡的模樣。想像一下，當你身處在一個立體的世界時，那張照片裡的景象會是什麼樣子。融入你的環境。

利用燭火啟動靈力

在此練習中，你將重新訓練你的眼睛來觀察能量。你需要放一支蠟燭在你的正前方來進行。蠟燭和眼睛的高度是否一致或是更低並不重要。任何蠟燭都可以，但是如果你希望能量更強一點，藍色或紫色的蠟燭可為這個運作帶來更好的效果。利用晚間在光線昏暗的房間裡做這個練習。

首先執行「調頻」的練習，然後點燃蠟燭。當你做這件事時，大聲宣告：

「在這個晚上，我利用燭光
啟動我的巫師之眼。」

開始進行「月亮式呼吸」的練習。這將使你進入相當輕盈的出神狀態。用柔和而輕鬆的目光，聚焦在蠟燭的火焰上。不要直視火焰，而是要讓你的眼睛的視線好像失焦了，彷彿你能看穿燭光那樣。你應該會開始看到環繞著蠟燭的溫暖的金色輝光。記住要繼續深呼吸。當你看見蠟燭的輝光出現時，用柔和的目光凝視著輝光而不是看著蠟燭的火焰。

在這種出神的狀態下注視著蠟燭幾分鐘，不時地重申：

「在這個晚上，我利用燭光

啟動我的巫師之眼。」

接著閉上雙眼。你應該會在你面前看到餘留的輝光影像。觀想它刺激你的眉毛表面上的巫師之眼，並向內移到你的松果體。當你這樣做時，大聲地說：

「全視之眼在我之內，

透過它，我能看清一切，

凡隱藏的、凡遮掩的，

凡面紗以外的，都顯露出來。

凡潛伏大地、海洋和天空中的一切，

都躲不過巫師之眼的透視力。」

張開眼睛，重複這個過程三遍。當你做完這個練習後，將蠟燭熄滅。

練習 27

巫師之眼的清理與加持

有時，我們的巫師之眼需要稍加清理並加持能量。把它想成像眼鏡一樣，當我們戴眼鏡時，很可能會把它弄髒或蒙上一層霧。如果你用巫師之眼看不清楚東西時，可能表示它需要清理和加持能量。雖然松果體和巫師之眼是一體的，但我們仍能為此二者做區分，因為巫師之眼比較像是在

眉毛表面上的一種感覺，而松果體則是巫師之眼的「眼內之眼」，位於大腦的內部。

調頻，並且進行「歸心」的練習。然而，這次不是將能量集中在你的心輪上，而是把能量全部集中在你的松果體上，松果體就在你大腦的中央，比你肉眼的位置略高一些。觀想松果體宛如一顆像豌豆大小的眼球，連同珠光色的虹膜位於你的心目中，往外直視著你的前方。持續把你所有的能量集中在這裡。現在，你要開始執行「進入 α 波」的練習，但有些步驟需要做修改。在練習的最後不要讓寶石消失，而是看著寶石不斷地穿過彩虹的每一種顏色。寶石開始轉變成黑色，彷彿黑色是一道光。花點時間想像一下黑色的光可能是什麼樣子。

閉上眼睛，往上轉動你的眼睛，好像你試著要看到後腦勺的東西那般，並讓眼睛保持這種狀態。觀想寶石發出順時針旋轉的黑色光束。它開始在你的額頭上畫一個螺旋，喚醒並激發你的巫師之眼。你在這裡看見一個眼瞼出現，當這光束在你的額頭上繼續畫著螺旋時，眼瞼就會打開，露出你的巫師之眼。巫師之眼的虹膜整個都是白色的。螺旋光往內前進並超出了巫師之眼，在你的頭部深處移動，直到它碰到松果體。感覺你的巫師之眼和松果體之間產生了同步效應，這樣就清理和去除了所有通往巫師之眼和松果體途中的障礙物。

螺旋光束的速度慢慢減緩並穩定下來，變成一道雷射

般的光線，從寶石穿過你的巫師之眼，再進入松果體。寶石變成紅色，它放射的光束也變紅色。當紅光滲入你的巫師之眼和松果體時，兩者的虹膜都變紅色。寶石穿越過每一種顏色，光的顏色也隨之產生變化，進而影響虹膜顏色的改變：從紅色、橙色、黃色、綠色、藍色、紫色、白色，最後轉變成黑色。寶石停止發光，在你的面前熔解。你的巫師之眼和松果體的虹膜又開始變換著所有的顏色，直到虹膜變成彩虹色，吸取了更廣闊的視野為止。現在，你的巫師之眼和眼內之眼都已經被清理、加持能量並調整為同步了。

練習28

看見基礎氣場的能量

　　簡單地說，氣場是圍繞著一個人生命原力能量的泡狀物。氣場實際上是由幾個不同的層次組成的，我們將在稍後的章節裡進一步了解每個層次。有了靈視力，我們就能感知氣場的不同層次，以及其中的顏色、外形和形態。

　　想要看見氣場、靈體和原始能量，你需要讓自己處於一種非常放鬆的冥想意識狀態。在此進行「元素的四拍呼吸」可能會有所幫助。你要保持你在「燭火」練習中所用的那種非常柔和的目光。確保你的視線是完全放鬆的，並且沒有聚

焦在任何特定的東西上。試著用你的整個視力範圍去觀看，也就是把你面前的所有視線和你的周邊視線範圍都包括進來（這是指當你直視前方時，你的眼睛兩側所看到的範圍）。

只要用一種非常被動和接納的心態，開始沉浸在所有的視覺資訊中。把你的手放在自己面前。假如是在光線昏暗，而且是素色背景的地方做此練習的話，效果會更好。你可以用地板或牆面作為背景，純黑色或純白色的牆面效果最好，但只要是單一顏色，任何表面都能可以使用。等你把這個能力養成後，背景是什麼就不重要了。

伸出你的手，用這種凝視的眼光看著手。試著從你的手看穿過去，好像你的手是一扇窗，你可以穿透它看到外面。看透任何物體以觀察它的氣場。當你做這個練習時，氣場的乙太體將開始顯現，它看起來通常像是手部周圍的一種半透明的、白色或灰色的薄霧或光線。通常它會接近手的本身，並勾勒出手的輪廓。若想看到這一乙太層之外的氣場，開始將你的焦點進一步放大，把注意力放在你的手的周邊更大的範圍，但沒有聚焦在任何東西上。

看見氣場的顏色和靈體

　　有時人們很難看到氣場中的顏色。解決這個問題的方法之一是投射你的思想，與宇宙進行對話。很多時候，我們很難看到我們從未見過或經歷過的事物。對於無形的東西，大腦喜歡找有形的架構來當參考，並把這架構套用在所有的通靈感知上，因此，假使你以前從沒見過完整的彩色氣場，而你的大腦中又沒有用來做比較和解釋的參照架構，你將更難看見它。

　　一旦你能在上一個練習中開始看到氣場時，只要在心裡問：「這個氣場是什麼顏色的？」除此以外不要想太多。很可能你不會馬上看到眼前的顏色。信任一開始來到你心裡的一切，相信第一個想法或直覺。現在，在凝視氣場的同時，開始用你的觀想技巧來塗顏色。例如，如果我在凝視氣場時問說：「這是什麼顏色？」假如我立刻想到的是藍色，我會盯著氣場，開始投射藍色氣場的觀想影像。

　　像這樣透過投射和接收可能性顏色的創造過程，你便開始在你的潛意識、意識和宇宙之間建立了有關如何感知氣場的交流方式。有些內在靈視力比外在靈視力強的人會發現，閉上眼睛，重現你所見的東西的影像，再想像其周圍氣場的顏色會更容易做到。要開始讓你的內在和外在靈視力同

步化,可以運用這樣的步驟來進行:睜開眼睛看見氣場、閉上眼睛看見顏色,不斷地在內在與外在之間切換。然後慢慢地加快睜眼和閉眼之間的速度,直到你能快速地眨眼。這應該有助於你把內在的幻景顯影到外在。

你也許會驚訝地發現,你投射在氣場上的顏色有可能改變。或許我投射在氣場的是藍色,但我卻開始看到紫色出現。不要強迫自己把它變成藍色;這很可能是你的高我在修正你的感知。這也適用在能量上。使用這類型的視覺,你也可能會看見火花、陰影或彩色閃光,這完全是正常的。通常,這將幫助你超越面紗,進入其他界域,以及和我們同居在這個多次元實相的鄰近場域。但這一切都始於能夠看見氣場的乙太場和以此為基礎的架構。

·

靈觸力

靈觸力是一種清晰的感覺。它的範圍可以從體內的或身上的可察覺到的通靈知覺,涵蓋到靈觸占卜術;觸摸一個物體來獲得與它相關資訊的能力就是一種靈觸力的形式。它是一種觸覺式的通靈感知力。感覺好像有人碰觸你,感受你體內溫度的升高或降低,感受痛苦或歡樂,疾病的感覺、直覺、起雞皮疙瘩,感受蛛網式瀰漫的感覺,以及感覺刺痛都是靈觸力的形式。如果身體感

知到的任何實質感受是和通靈訊息有關的，那麼它就是靈觸力。靈觸力往往是最自然的靈力形式之一。然而，人們多半與自己的心智過程有較多的接觸，卻與自己的身體失去連結。學習傾聽你的身體，傾聽它如何對事物產生反應，你將更能夠觸及自己的靈觸力。

靈觸力主要來自動手操作。喚醒你的雙手去感受和引導能量，對通靈和魔法的修練都是有益的。傳統上，巫師把他們的身體分為兩邊，即投射邊和接收邊，或是太陽面和月亮面。投射手（或日之手）是你引導能量的手，就像太陽投射光一樣。接收手（或月之手）是你接收或感受能量的手，就像月亮接收並反射太陽光一樣。

要判斷哪一隻手是你的投射手，最簡單的方法就是看看你是左撇子還是右撇子。有個很好的類比可以幫你理解這一點，就是想像你自己是一名棒球隊員，一隻手戴著手套接球，另一隻沒戴手套的手負責投球。如果你是雙手靈巧並用的人，你可以隨意任選一隻手作為你的投射手，但傳統上，投射手會是你的右手，接收手會是你的左手。巫師們為什麼會在召喚某個方向的元素或某位神靈時，舉起左手來邀請能量進入他們的空間，並舉起右手釋放和傳送能量，就是源自於左手引進能量，右手推出能量的道理。

練習30

喚醒雙手

調頻。進行「太陽式呼吸」的練習。吸氣時，想像能量在你周圍盤旋上升，在快速吐氣時，想像能量在你的周圍盤旋下降。用一隻手的手指在另一隻手的手掌上畫一個螺旋，從掌心開始，以順時針方向向外旋轉。當你在手掌上畫螺旋時，可以想像你的手指接觸到的地方，也被巫師之火（Witch Fire）的電藍光（electric blue light）描繪出來，接著輕輕地在你的手掌上吹一口氣。重複這個動作大約一分鐘左右，然後雙手交換，在另一隻手上做同樣動作一分鐘左右。

練習31

深入感受

執行「喚醒雙手」的練習。將你的意識帶到你的雙手上，注意你的手部肌肉和手指關節的感受。注意它們是如何感覺的。它們是放鬆的或緊張的？現在把注意力帶到你手部的皮膚上；它感覺如何？它感覺很乾燥或濕潤嗎？接著把你的意識帶到接觸你皮膚的空氣，它感覺怎樣？它的溫度是多少？有微風吹拂還是靜止無風呢？現在將注意力轉到你的肌肉和關節上。在保持這種注意力的同時，也注意你

的皮膚和它周圍的空氣。現在更進一步地，把你的注意力從接觸你皮膚的空氣，轉移到未觸及你的皮膚但包圍著你的手的空氣，感受你手周邊的能量。它感覺起來像什麼？會刺嗎？會癢嗎？感覺溫暖或寒冷？很稠密或很輕盈？不斷重複這個過程，直到你對於用手來感受能量有明顯的了解。

練習32

創造一個能量球

　　進行「喚醒雙手」的練習。雙手互相摩擦約三十秒左右，慢慢地減速，並刻意地放鬆手部的肌肉。雙手合十，就像傳統的祈禱姿勢一樣，不同的是你要轉一下手腕，讓手指直接指向你的正前方。慢慢地把你的雙手分開，感受一下兩手之間的空間，觀想在這空間裡一個白色的能量球。對大多數人來說，這應該有點像靜電，不過每個人的感覺都有點不同。試試看把能量球變大和變小，玩一玩這股能量。你將會發現當你試著把你的雙手合在一起時，它們會像磁鐵般把彼此推開。當你玩過能量球後，只要甩甩雙手，好像你要把手上的水分甩乾一樣，同時想像能量像被甩的水那般散開。

靈觸占卜術（*psychometry*）

先做「喚醒雙手」的練習，接著進行「深入感受」的練習。用你的接收手順著你投射手的手臂滑動。你可以調整手和手臂之間相隔的距離，用各種不同的距離來實驗。你能找出自己開始感受到能量的一個點嗎？你可以對著寵物、植物、水晶及其他人試試這個練習。觀想你感受到的這種能量是一個充滿訊息的資料串。在探索你的對象的氣場時，嘗試解讀資料串。清空你的想法，用身體去接觸你的對象。你會馬上想到什麼？是出現一種感覺、一個念頭、一個影像、一種印象嗎？記下你立即想到的感受，不要想得太多，也不要強迫自己擠出任何訊息。

靈聽力

靈聽力是清楚地聽見。它是透過聽覺（不管是內在的或外在的）來聽見通靈訊息的能力。最常見的靈聽力形式是內在靈聽，那是你內心的對話。有時那聲音是你自己的，有時雖是來自另一個人的，但你會明顯地感覺那聲音不是來自你本身自然的思維過程。有些人會說，除非你患有精神疾病（通常是精神分裂症或精神變態），否則你永遠不會因為靈聽力而聽見外界的異音。聽到外界

的異音不一定表示你有精神健康的問題。如果你對聽見異音感到擔心，重要的是去做檢查——雖然會質疑自己的精神正不正常，通常被認為是代表有良好的精神健康的一種表現。

　　毫無疑問的，靈聽力的確可能發生在你的內在對話之外。所以我在此提供一些我用來確定究竟是外在靈聽力或精神疾病的原則。（再次強調，如果你對自己的精神健康狀態有任何疑慮，請尋求專業幫助。）如果是靈聽力的話，聲音通常不會持續出現，不會叫你傷害自己或別人，也不會貶低你。外在靈聽力最常有的體驗是聽到像水流或風吹的聲音，但實際上並沒有任何這種聲音來源的存在。外在靈聽力出現的時間很短暫，不會一再重複。大多數時候它更像是偷聽到一個或多個靈魂在交談的聲音，你收聽到的內容可能是你無法聽懂的，比較像是隱約含糊的聲音。如果他們直接和你說話，希望你能聽到他們的聲音，那麼聲音就會很清楚。另一種常有的經驗是出現難以理解也難以形容的音樂，我通常把它和小仙子聯想在一起。還有一種常遇到的經驗是，你認識的某人正用另一個你認識的人的聲音叫你的名字，但是當你找到喊你名字的人時，你會發現他們其實沒有叫你。我小時候有過很多次這種經驗，但沒有成人之後遇到的那麼多次。

　　在開發靈聽力時，耳朵裡會聽見不同的音調是正常的，它類似耳鳴，但與耳鳴不同。當某個靈魂試圖與你交談時，通常是你的靈聽力開啟，但能力還不到完全發展的階段。然而，我經常在布畫魔法圈時產生這種耳鳴感，而且發現當魔法圈被釋放時，這

種感覺就會停止。但我向你們保證，我和其他非常有天賦的通靈師、神祕學家和我認識的靈媒，都有過外在靈聽力的經驗。

練習34
深度聆聽

　　想要開啟靈聽力，學習如何深度聆聽是非常重要的。要做到這一點，你需要讓你的耳朵對雜音有敏感度。我們無時無刻都暴露在各種聲音中，但我們卻聽而不聞。

　　進入放鬆的冥想狀態，閉上眼睛，花點時間傾聽。盡量不要去思考你所聽到的，也不要為它們貼上標籤，只要聆聽就好。你聽到什麼？也許是另一個房間裡傳來的電視或音樂。也許你會聽到你的暖氣、空調或冰箱在運轉。繼續仔細地聽。你能聽得更深入、更清楚些嗎？你能聽到多遠的聲音？也許你能聽到樹枝搖曳的聲音和鳥的鳴叫聲。你家外面發生了什麼事？外面的風聽起來像什麼？你能聽到街上的汽車聲，或是孩子們玩耍的聲音嗎？關鍵是盡可能多接收聽覺的資訊。

對準聲音並建立連結

　　讓我們進一步磨練你耳朵的敏感度來獲得更強的靈聽力。練習此技巧時可以使用耳機，或是去聽聲音大到足以吞噬你而又不傷耳朵的音樂。我建議開車時不要做此練習，因為它應該是在 α 腦波狀態下進行的。開車的時候，不應該改變你的意識狀態，儘管這一點應該是很明顯的，但我還是要強調它。駕駛時需要有充分的警覺性，而保持在 β 波的狀態對於安全性來說是非常重要的。

　　在這個練習中，請跳過「調頻」練習裡所有前段的步驟，直接執行「進入 α 波」。目前你應該已經建立了一個能按照指令立即進入 α 波的提示動作。選擇你喜歡但帶點複雜度的音樂。我喜歡用藝術家們的音樂，這些音樂包含了範圍獨特而多元的樂器和效果。因此，我偏好選擇比約克（Björk）、電台司令（Radiohead）、熱線（Fever Ray）、九寸丁樂團（Nine Inch Nails）或阿尼克斯（The Anix）等藝術家的樂曲。原因是這些藝術家傾向在音樂中，使用與其他藝術家不同的合成樂器、取樣和音效，這對我來說增加了這個練習的趣味性，並拓寬了我的聽覺「調色盤」，使我的大腦可以用它來進行靈聽力的訓練。不過，你可以使用自己喜歡的任何音樂。

開始放音樂，不要去思考或剖析音樂。就像做「深度聆聽」的練習一樣，你會想以被動的方式聽進整體的樂曲。當歌曲結束時，從曲中挑選出一種樂器，然後重新播放，這次只專注聆聽你所挑選的樂器。只聽那個單一樂器的樂音，不要被其他樂器或人聲干擾。至於那些更精通音樂科技的人，請不要利用音樂編輯程式來把那個樂器的聲音獨立出來。這個練習的目的是訓練你的耳朵和大腦，使你能在此起彼落的各種聲音裡，只聽清楚一個聲音。每次選擇不同的樂器，不斷重複這個過程。

現在讓我們以此為基礎繼續練習。像你一開始那樣，被動地重聽整首歌。假如這首歌是一種顏色，它會是什麼顏色？味道怎麼樣？它會是什麼形狀？如果它是一種身體上的感覺，會是什麼樣的感覺？你覺得它會在你身體內的什麼地方？是什麼情緒？你希望像所有通靈現象一樣，與它們建立起相互的關聯，讓你所有的能力得以和諧地共同運作，盡可能清晰生動地傳達更多的訊息。現在回頭再聽一遍這首歌，然後挑出每一種樂器，確定它與整首歌有關的顏色、形狀、質地、味道、氣味、情感和身體部位。把整首歌看作是具有集體特徵的一群魚，而每一種樂器就像是魚群裡的每一條魚，有它自己獨特的個性特徵。

當你回到這練習來建立這種聽力時，要確認你已更換樂

曲，以免你總是用同一首歌來做這個練習。好了，既然我們已經完成有關這種聽覺的敏感度、深度和心理相關的所有連結，我們已準備好開始學習如何對無形體的聲音來源建立靈聽力。

建立雜音的關聯性

現在，你應該可以建立起雜音和其他訊息之間的關聯性，開始將它們編入你大腦的程式中。就像早先做的氣場練習一樣，你要把一個內在的連結投射到外在的某件事物上。

用你的心靈提示來進入 α 波。現在先從你自己開始。你感覺如何？如果你的感覺是一首歌，那首歌會是什麼？如果那是音效，聽起來會像什麼？一整天都要這樣做，試著當下就在你的腦海中喚起那種聲音，並將它和感覺連結起來。當你遇到別人時，你會給當下狀態的他們什麼樣的音樂或聲音？

與氣場練習一樣，這將幫助你透過神經可塑性建立一個連結，把你的聽力從一般的範圍擴展為靈聽力。如果你最後聽到的聲音，與你試著想喚起的聲音不同，就讓它變這樣吧。這很可能是你的高我正在修正你的知覺。

聽見靈音

　　靈性盟友是一個廣義的用語，它指的是任何與你有合作關係且對你有益的靈魂。雖然與靈接觸和靈性盟友不在本書的討論範圍之內，但我覺得簡短地談談指導靈很重要。在不同類型的靈性盟友中，有一種特殊的類型叫做指導靈。指導靈是你在化為肉身之前，你的高我就已經指派給你的靈性存有。指導靈會參與你的生命道路和個人的發展。把他們想成是你無形的靈性生命教練、導師和嚮導。

　　一個指導靈和你合作的時間，依據不同的因素而長短不一。有些指導靈在你出生之前就已經指派給你，並且會陪伴你一生。有些只會和你在一起一段時間，或在你生命道路中的工作或學習某事的期間陪伴你。指導靈具有更高的視野，始終與你的真實意志保持一致，無論你是否意識到這一點。我們稍後將探討這一主題。

　　選擇一段不受打擾的時間和一個安靜的地方。進行「調頻」的練習。對於此練習，我建議與指導靈一起開始，因為他們是我們能開啟合作的一個安全的無形存有。從心裡面或口頭上呼喚你的指導靈來協助你完成這項練習。你可以簡單地說：

「我呼喚我的指導靈前來，透過靈聽力向我傳達一個有用的消息，在我的靈性道路上協助我。朋友們，請靠攏過來吧。」

如果你和你的指導靈之間還沒有很強的連結也沒關係；只要承認他們，你便開始建立這種關係。觀想他們正靠近你；你只要想像一下由光組成的人物靠近過來並圍繞著你。現在，專注於你的呼吸，試著清除你腦中任何喋喋不休的念頭。

當你在放鬆、接收訊息的狀態時，注意任何內在對話或聲音的產生，但不要企圖強逼它發生。這些訊息可能是你內在的聲音，也可能來自他人。同時注意你周圍的環境，就像你在做「深度聆聽」的練習裡做的那樣，你可能會發現自己聽到一些不尋常的外在聲音；也許是狗吠聲或鄰居正在播放的音樂。這當中有沒有要給你的訊息？當你建立這個習慣時，你可能會發現你開始聽到外在的雜音或對話，但那些聲音並非來自外在的物質實體。別忘了你可以使用「通靈調節器」的技巧來增加或減少訊息。想像你有一個儀表板，就像收音機上的轉盤一樣，你可以用它來調節你聽到的雜音頻率，這也有助於改善這項技巧。

靈嗅力與靈嚐力

靈嗅力是清晰的嗅覺，靈嚐力是清晰的味覺。也就是說，儘管沒有可嚐或可聞的東西存在，卻有靈味道和靈氣味的出現。這是兩種較為罕見的通靈感知形式。雖然兩者是不相同的，但我將它們歸為一類，因為味覺和嗅覺結合為感知力是非常錯綜複雜的。這兩種通靈能力往往與靈魂的互動和靈媒技巧更有關聯性，但也並非總是如此。例如，我與神明黑卡蒂女神（Hekate）和亞努斯（Janus）緊密合作。他們倆都有一種獨特的香氣，當我知道他們正與我接觸，或想向我保證他們和我在一起時，我就會聞到這種香氣。

有趣的是，這些氣味是從我供奉的特定草藥和焚香開始的，通常我會各燒一種作為供品，但當我有一種靈嗅力的體驗時，即使當天我距離家中的神龕很遠，而且沒有燃燒任何供品，它們也會出現一種新增的氣味。我知道我的祖父何時接觸我，因為會有一種特定的古龍水、威士忌和煙草的味道出現。另外，有某些氣味在歷史上是與危險或有害的能量相關的，例如硫的氣味。

靈嚐力比靈嗅力更罕見。有時候，靈嚐力會提供我關於某個靈魂的具體訊息，通常是幫我確認我正在為他人解讀的通靈訊息。例如，在我嘴裡品嚐到一種特殊的食物味道，可以表明這個人喜歡或是知道怎麼做與這食物相關的菜。我可能還會嚐到或聞到香煙味而知道他們是個老煙槍。但是，有時候對我而言，靈嚐

力的經驗只是一種通靈上的警示訊息。例如，如果有人或有靈具有邪惡的能量，我的嘴裡往往會產生令人噁心的發霉味。如果有人告訴我不要相信那個靈或那個人，儘管有相反的證據，我也會嚐到一股金屬味；它往往向我傳達，這個人或靈有著不可告人的祕密。你可以透過有意識的飲食和嗅覺，以及透過召喚這些感覺來建立和開發靈嚐力和靈嗅力。

練習38

喚醒口鼻的知覺

挑選一些不同的香料或精油來做這個練習，把它們倒入不同的勺子或碟子裡，然後放在桌子上。你需要遮住眼睛來進行，因此你可能需要找一位搭檔來幫你。進入 α 波，閉上雙眼。分別聞一聞每一個樣品，試著分辨每種氣味的細微差別。你要怎麼形容它們？當你聞到一個氣味的時候，會想到特定的顏色、質地、感覺或聲音嗎？如果你只是根據氣味來吃它們，你能想像它們嚐起來是什麼味道嗎？出去散散步，注意你平常可能會錯過的氣味。那些路邊的花聞起來怎樣？沿路的麵包店、空氣、人行道和土壤的氣味又是如何？如果你打算嚐一嚐它們，它們在你嘴裡會是什麼味道？你會怎麼形容那種味道？就像做「深度聆聽」的練習一樣，你要深刻地聞和密切地嚐東西。讓你生活中的飲食成

為一個深思的過程，真正地吸收味道和氣味的感覺，並聚焦在這些感覺的細微差別上。

召喚氣味和味道

做這個練習需要進入 α 波冥想狀態。回想你成長過程中能夠撫慰你的一種氣味。想想看你和某人交往時的古龍水或香水的氣味。想想讓你厭惡的氣味。想想看你把什麼味道與愛連結在一起。你覺得憤怒是什麼氣味？什麼味道會讓你聯想到憂鬱症？危險是什麼氣味？安全是什麼氣味？什麼樣的香氣會讓你聯想到焦慮？什麼氣味與自信有關？仔細研究每一件事，試著盡量讓氣味的聯想變得鮮活的同時，也專注在與氣味相關的感覺或記憶。接著把味道也加入此過程裡一起練習。如果你很難想像出一種特定的味道或氣味時，試著先想出一種，再利用它來引導你變出另一種味道或氣味。例如，如果我很難將香氣與舒適感連結在一起，但是我知道我奶奶做的糕點味道會帶來舒適感，那麼我會花時間將注意力集中在這些糕點的氣味上。

建立嗅覺和味覺的聯想

在先前的練習中，我們開始注意我們的嗅覺和味覺，以及它們在我們內在所激發的情感。當你在一天中與他人互動時，問問自己：如果他們的能量有味道和氣味，那會是什麼？回想一下你已經完成情感連結的不同氣味和味道，把那些投射到他們身上。開始用你的預測能力來做實驗。在你開始一天的生活時，問問自己這一天會是什麼味道。在這一天結束時，把一整天經過的情況與你所設想的聞到和嚐到的情況做比較。

第五章

淨化與防護

清理你自己和你的環境，以及在施展靈力和魔法之前做好自我保護，通常是許多書裡教你的第一件事。我則選擇要確保你在此時已經先練習過一些基本功，以便你的淨化和防護能對你更有效。起初我也是馬上教學員們清理技巧的，但我發現他們要有效運用此技巧時有困難。後來，經過先教導他們如何調頻及如何運用他們的各種靈透力後，我發現他們能有效做好清理的成功率提升多了。

儘管有許多不同的方法可以使用草藥、石頭和儀式工具來清理、潔淨和保護自己，但作為通靈巫師的我們，希望能夠在任何有需要的時候，以及在某些無法取得那些材料的情況下都能執行這些任務。絕對不該讓缺乏材料或工具這種事來阻止巫師施展魔法。實體物品在多數情況下可以為你正在施展的魔法增強效果，雖然它們在魔法運作中占有一席之地，但我堅信，一個巫師應該要有能力可以在任何情況下隨時運作魔法。這就是我在本書中沒有要求你準備任何物品或材料的原因，除非它是一種你出門在外時無法施行的特殊儀式或咒術。我甚至把需要用到的物品減低到最少的程度，並盡量使用任何家庭中都能找到的常備用品。

能量清理

還記得「潔淨僅次於虔誠」這句話嗎？不管對魔法或通靈工作來說，的確是如此。清理空間的能量，保持你自己和你所在區域有適當的潔淨氣場是至關重要的，我發現這一點在個人的實踐中通常被低估了。想想看當你待在一個光線微弱且四處凌亂的屋子裡，感覺是怎樣？現在再想想當你在一個乾淨、開放、充滿自然光的屋子裡，感覺是不是好多了？雖然待在一個乾淨的空間裡會感覺更舒服是有心理因素的，但我認為這是因為我們正在吸收更潔淨的能量，使我們感到更自在的緣故。至於在清理和防護方面，觀想和意志力是增強清理能力的關鍵要素。

經常有人問我一個人應該多久做一次個人氣場的清理，我的回答是「每天」。把它想成是洗澡一樣，你會非得搞得渾身髒兮兮之後才決定要洗澡嗎？多半不會這樣吧。你可能會想每天至少洗一次澡，確保自己不至於那麼髒。這對每天進行能量清理特別有幫助，因為你可以把它安插在你日常的衛生習慣中。那麼空間的清理呢？有關維持一個空間的潔淨能量（尤其是你生活起居經常會待著的地方），你會發現那就像在做實際的打掃工作一樣，每天都進行能量清理，比等它堆積成一項艱困任務後才開始清理要容易多了。我通常會在新月期間對我的房子進行一次完整的能量清理，也會嘗試每天做一小部分清理來維護它。

進行自我或空間的靈性清理幾乎總是排在實體的清潔工作之後。不過，你可以一石二鳥，把兩件事合併成一件來做。例如，

在洗澡時，想像自己沐浴在光中，沖掉附著在你身上的、你不想要的能量。當你刷牙時，想像自己刷掉了所有阻礙你說真話的障礙，也刷掉你和其他存有（包括動物、植物和靈魂）交流的任何障礙。在掃地或用吸塵器吸地時，想像你掃走或吸光家中停滯的能量。如果想要更加提振能量，可以在你要清理的地方撒上一些清潔用品——例如海鹽或迷迭香、百里香、羅勒或牛至之類有清理功效的草藥，這些東西多數都能在廚房中找到。當清掃屋內牆面時，想像你清除了疾病、悲傷、憤怒和其他積聚在大氣中的能量。你明白了吧！只要在實體清潔工作之後結合一個有意識的冥想過程就行了。陽光和新鮮空氣也有助於清理一個地方——所以，拉開窗簾，打開窗戶讓空氣流通吧。

練習41
通靈淨化

　　這是我們已經學過的「通靈清理」練習的加強版，當我們需要更深層的淨化時，它能為我們帶來更好的效果，這樣我們就可以清除所有極不平衡的能量。這個練習的關鍵是要把你的每一個靈透感官都帶進來，同時聚焦你的意念來淨化自己。在練習中，我會針對每個靈透感官提供一些想法，把它們一一加進來，但是你可以隨意把它換成任何能為你個人帶來清理與淨化感受的聲音、氣味、觀想等等。

調頻。想像一道美麗的虹彩光芒，像一個柔和而穩定的瀑布在你的周圍流動。能量貫穿你的身體並圍繞著你，同時沖刷掉所有不屬於你的能量。在腦海中維持這個景象的同時，感受光在你身體周圍及在你體內的溫暖，清除你能量場中任何對你無用的東西。當你在腦海中保持這種景象和感覺時，開始想像有個天使合唱團的聲音從四面八方環繞著你，放鬆並解除你能量體中的任何障礙。現在讓我們加入更多的感官，喚起柑橘和花朵的氣味，讓它們充滿你所在的空間，並在你的口中召喚一種薄荷的味道，讓你聞到並嚐到正在發生的清理。

練習 42
拋開一個地方的沉重能量

你有過這樣的經驗嗎？當你走進一個房間，雖然每個人都面帶微笑，擺著一副他們正在談笑風生的模樣，但你卻能隱約地感覺到在你進門之前，那裡曾經有過一場激烈的爭論。沉重的情緒和能量在一個空間內迅速形成後能快速地積累，包括你的居家所在。以下的練習是我和我的巫師夥伴們，在塞勒姆開始進行通靈解讀之前，我帶領他們進行的一種做法。我們會這樣做是因為通靈解讀可能是非常情緒化

的，個案在過程中往往會釋放出稠密的能量並將它留置在一個空間裡。這練習包括吟誦一種魔法咒音，同時搭配意念和動作。

這個魔法咒音是「伊阿歐」（IAO）。它來自諸如黃金黎明會（Golden Dawn）的魔法赫密斯系統（Hermetic systems）。「伊阿歐」的咒音代表三股勢能：體現自然和創造勢能的愛希斯（Isis）；體現破壞和清除勢能的阿波菲斯（Apophis）；以及體現復活和蛻變勢能的歐西里斯（Osiris）。因此，這個咒音非常適合轉化和解除沉重的能量。發出「伊」，我們調頻進入空間裡已經存在的能量；發出「阿」，我們聲明能量已經被消除；然後發出「歐」把空間裡的負能量轉化為正能量。

整個「伊阿歐」的吟誦應該在一次完整的呼吸中完成。調頻。在你站立時，雙手的手臂向下垂放在身體兩側，手掌的掌面朝著地面。深吸一口氣，從你腹部的深處開始發出「伊」的聲音。感覺聲音從口腔後面迴盪。當你發出這個音調的同時，把你的手掌的掌面翻轉朝上，你的手掌就好像鏟子一樣把空間裡的能量向上鏟起來，接著慢慢地抬起雙手，一邊想像你正在提升空間的能量。當你的手臂漸漸抬高到與地板平行時，開始發出「阿」的音調。感覺它在你口腔的中央震盪，注意你的嘴要張開一點發出聲音。你的手臂繼

續往上提升能量。等你的手臂舉高到超過頭頂時，開始發出「歐」的聲音。感覺它在你口腔前段的部位迴盪，注意你的嘴要張得更大一些來發出這個音調。當你用手臂把能量向上推出去，想像空間裡沉重的能量被你拋出到你手臂力氣能推到的最遠的地方。這個練習至少做三次，你應該會注意到空間能量的急劇變化。

●

保護

當你在運作能量時，無論是在通靈或魔法方面，你都會因為這種能量而發光，那種光會吸引各種存有的注意。不久前，我曾經拜託一位知名的巫師長老來我家鑑定看看，因為我不明白為什麼會有那麼多的靈魂被吸引到我家，難道我受到靈力攻擊了嗎？

長老沿路開車過來後跟我說，他感覺那是因為我居住的地區附近根本沒幾個魔法師。他說的一點也沒錯，因為我住的這個小鎮主要居住的是老年人，而且據我所知，他們多半是對魔法或靈力完全不感興趣的一般大眾。長老還告訴我說，因為我經常在家運作魔法和能量，我的房子就像一個巨大的能量燈塔。這個區域的眾多靈魂不習慣看到運作能量或魔法的人，所以他們充滿了極度的好奇心，才會像飛蛾撲火一樣地被吸引到我家來，想看看這裡發生了什麼事。

不是每個被你吸引的存有都是仁慈、和平或充滿愛的，但他們也不都是惡意的。要時時牢記，就像人有分壞人、好人，也有想幫助別人或只想利用別人的人格之人一樣——靈魂的個性和舉止也同樣是形形色色的。這就是為什麼不應該輕忽自我保護的原因之一。

另外也可能是因為你妄想有別人在詛咒你，使你無意間詛咒了自己。就如我們即將探討的一樣，你將會知道語言和思想對於魔法顯化具有巨大的力量。你當然有可能遇到別人刻意詛咒你，尤其是當你公開自己是通靈巫師的時候。除此之外，人們也可能是在無意間把負面的思想和情緒投射到你身上，使負能量跟著被導向你，因而不自覺地詛咒了你。然而，你需要在巫師的被害妄想症和正常的防禦措施之間取得平衡。專注於詛咒只會增強它們的力量，或假如實際上並沒有詛咒存在時，你對詛咒的注意甚至會導致它真的發生。如果你保持氣場潔淨，也做了魔法保護，就不必太擔心了。如果你確實遇到詛咒，可以隨時參考第 15 章中化解詛咒的技巧。

生活在魔法保護下的關鍵是在你生活的各個方面都設下健康的界限。你的內心世界會滲透到能量的世界，當你為自己與朋友、家人、同事、老闆、情人、陌生人之間設下了穩固的界限時，就是在為自己的氣場建構牢固的界限。如果你讓別人利用你去做你不願意做的事，或做出對你不利的行為，那麼你就是為自己的氣場製造漏洞。所以人我之間存在界限是可以的，你可以對某人說「不」，而不必對他們有不好意思的感覺。一旦界線設好

了，你也不需要解釋，我有個很聰明的朋友就常說：「不」就是完整的一句話。

•

語言的力量

說到防護盾，老實說，沒有什麼比誠信生活的力量更強大的。我的意思是，你要確保你的生活是符合自己的道德標準的。這大部分可歸結為尊重，尊重他人、尊重各地和各個靈魂。用一種尊敬和正直的態度過生活，別人或別的靈魂會主動跟你作對的可能性就會降低，因為你不太可能會冒犯他們。言行一致、信守承諾，並誠實說話。把語言當作一種魔法工具，因為它的確如此。我們有一些魔法的術語和語言的概念緊密相關，例如咒語（*spell*）[譯註]14 和叫做格林瓦（*grimoires*）的咒語書（此名稱和「語法」（grammer）一字相關）。

「阿布拉卡達布拉」（Abracadabra）是一個著名的古老咒語，民間詞源學家認為它是源自亞拉美語（Aramaic）的「我像我說的話那樣創造」，或是希伯來語的「我說話時就在創造」。當你花越來越多的心力來發展成為一名通靈巫師時，你會發現你說的話是有力量的（即使你並不打算讓它們這樣），而且你很快就將學會在大聲說話時要謹慎。許多民間故事和童話故事在談到魔法時，都會傳達「要小心你許的願望」這樣的訊息是有原因的。把語言的力量當

〔譯註〕14. spell 的字義除了咒語、咒術之外，還有拼字的意思。

作一項工具，你就能確保自己談話時保持語言的神聖性。透過信守諾言，你就可以向其他人、其他靈魂和宇宙確認你的諾言是有價值的，如此使你更可能創造出盟友而不是製造出敵人。你身邊的盟友越多，你的防禦能力就越強。

然而，這並非意味著我們應該完全忽略防護盾這件事，那樣將是疏失和天真。僅因為我們是個優良的駕駛，並不表示我們在開車前就不必繫好安全帶。同樣道理，因為我們是正直的好人並保護我們話語的力量，不表示我們不須進行通靈和魔法的保護。預防性魔法是強力的防禦性魔法。有做預防措施總比沒做的好，並且也要設法解決我們因為輕忽對自己的防護而出現的問題。

基本防護盾和保護

現在我們知道該如何清理自己的能量了，這正是學習如何防護自己的最佳時機。你希望用防護盾來讓你有充分的安全和可靠的感覺。我們將探索防護盾的基本做法，並介紹各種改造防護盾的方法來符合你實際運用的需要。有時你會想要一個能夠完全封鎖所有能量進出的防護盾，不過，這樣的防護盾也可能完全制止通靈知覺。其他時候你只需要過濾具有攻擊性或負面影響的能量，而這通常是我在防護盾上必做的事。弄清楚你需要的是哪一類的防護盾需要敏銳的識別

力，因此請相信你的直覺。這個基本的防護盾應該是一種日常的防護措施；如何增強它則取決於你的情境。

調頻。想像在你頭頂以上幾英呎高的地方，有一道明亮的白光。在口頭或心裡肯定地說：

「我上方的聖靈。」

看見它開始下降成為一個光柱環繞著你的身體，並降到你的腳底下幾英呎的地方。口頭或心裡肯定地說：

「我下方的聖靈。」

觀想光從你的腳下往上升起，來到你胸前幾英呎的地方。口頭或心裡肯定地說：

「我前方的聖靈。」

看到光上升到你的頭頂上方，來到它原始的起點，接著下降到你身後的幾英呎與胸部同高的位置。口頭或心裡肯定地說：

「我後方的聖靈。」

接著，光以逆時針方向移動，一直移到你右邊的幾英呎處。口頭或心裡肯定地說：

「我右方的聖靈。」

光繼續以逆時針方向移動，直到它到達你左邊的幾英呎處。口頭或心裡肯定地說：

「我左方的聖靈。」

光繼續以逆時針方式移動，直到它再次到達你身後的位置。

　　看見環繞著你的這六個點都亮起來，這時光開始放射出燦爛的光芒，並在你周圍形成一個個泡泡。口頭或心裡肯定說出：

　　「我周圍的聖靈。」

　　觀想你的身體充滿燦爛的光，就好像你是一個空的容器一樣。

　　口頭或心裡肯定地說：

　　「我內在的聖靈。」

　　花點時間來感受在你上、下、前、後、右、左、外在和內在的這道光。然後在口頭或心裡肯定地說：

　　「聖靈保護著我，聖靈祝福我，聖靈醫治我，聖靈引導我。
　　我是，我一直都是，我將永遠是與聖靈合一的。」

練習44
過濾盾

　　執行「基本防護盾和保護」的練習。花點時間感受一下環繞著你的燦爛的白光。想像有一個銀色的過濾盾在你氣場以外的周圍形成，觀想它像一個由純銀色的光所製成的濾

網，接著你可以釋放這銀色過濾盾的影像，但心裡明白它還會在那裡繼續發揮它的作用。現在改成用金色的過濾盾重複這個過程。知道它將阻止負能量進入，允許正能量通過。負能量在到達你和你的能量場之前會先被過濾掉，但是你不會與周圍所有的能量隔絕。大聲說出或心裡默念：

「借月球與太陽、

對立與兩極之力，

傷害和枯萎的能量

過不了我的魔法過濾盾。」

練習 45

全護盾：四元素堡壘技巧

當你根本不想與周圍的能量互動，想要暫時隔絕周圍所有能量的進入時，這個護盾形式是最好的屏障。這表示當這個護盾建立起來時，所有的能量都無法與你互動，你也無法與它們互動。要知道在這個防護盾作用的期間，你將很難執行魔法。你可以把它看作是最高階的保護，把自己置身在能量隔離的狀態。基於這個護盾的強度，你在做完後一定要把它解除，而且最好在事後做一次能量清理。做這個練習時，你要在心裡召喚土、風、火、水這四大元素來協助建立這個防護盾，並在你周圍建立一個堡壘。

執行「基本防護盾和保護」的練習。花點時間感受一下環繞著你的白光，它強烈又燦爛。想像你腳下的人地慢慢升起，在你周圍形成了一堵堅不可摧的磚牆，就像一座堡壘般。接著想像堡壘的外面是火牆，把靠近它的能量都焚燒。在火牆的外面，有一條護城河環繞著你，河浪猛烈撞擊著任何試圖靠近你的能量。在護城河之外，想像有一團雲環，雲環中吹著強風，把靠近它的所有能量推回去。現在想像磚牆變成一個磚塊球環繞著你。然後想像火牆變成一個火球環繞著你。接下來，想像護城河變成一個波浪球環繞著你，最後想像雲牆變成一個會從四面八方吹出強風的雲球。

當你準備好解除這防護盾，也脫離危險的情境時，只需將順序反過來執行這個練習就好。雲球變成雲環而後蒸發了。波浪球變回護城河，接著乾涸了。火球變成了火牆，漸漸灰飛煙滅，直到火完全熄滅。磚球變回磚牆堡壘，堡壘隨後瓦解並歸於塵土。

練習46

靈域安全系統

把本章前面的幾項練習裡的你換成是你家，你就可以像保護自己一樣地保護自己的家。有時候，了解是什麼在試圖侵襲你家的防護盾是很重要的，這樣你就能把狀況處理

好，並確保某人或某物再也不會想入侵你的空間。如果有某個東西比你的防護盾維持的時間更持久，那麼它很有可能最後會通過你的防護盾，不管它是個惡意的咒術、不受歡迎的靈魂，或只是被傳送到你附近的一般有害能量。正因為如此，我在家裡建立了一個靈域安全系統，當不必要的能量入侵時提醒我，並幫助我識別它是什麼。

從調頻開始。站在你家的中央，開始想像有一個雷射光柵圍繞著你家，形成一個矩陣。這些雷射光是一個安全系統，當任何能量試圖從外部進入時，光柵會向你發出靈訊警報，就像一般的家庭安全系統會出現警報聲和閃燈那樣。現在想像你進到家裡的房間，一間接一間地，把注意力集中在房間裡有著雷射光柵的每一面牆壁、地板和天花板，這些地方都有雷射光柵。回到你家的中央，觀想完整的雷射矩陣像一個聚合系統。在屋子裡的任一間房間內挑一面牆，想像那裡有一個祕密的鑰匙孔。現在，把你的通靈密碼（在下一個練習中）當成一把鑰匙，用你的意志力和意圖，將鑰匙插入鑰匙孔並將它鎖上。要知道沒有任何東西，也沒有任何人可以在沒有密碼的情況下更改你的光柵。大聲說：

「密碼設定了！」

現在，一個房間接一個房間地，觀想每個房間天花板的頂部，有一個尺寸像你拳頭般大小的銀球，上面刻著一隻

眼睛。這些是你的相機，每當你的安全系統被觸發時，它都會對著試圖入侵你家的東西拍下靈魂快照，並將它和警報一起發送給你。如果你的警報響起了，而你沒有察覺到它是什麼，只要做調頻，想像在你面前出現一個銀色的球，並請它告訴你它捕捉到什麼。它可能會用一項或一項以上的靈透感官向你顯示訊息。如果你不確定你接收到的訊息，就使用諸如塔羅牌之類的占卜系統，雙重檢驗你所獲得的靈訊的準確性。重要的是要記住，這個練習不是一個防護盾，它不能阻止任何東西進入；它是一個檢測系統而不是防禦系統。所以，一定要確保有保護措施圍繞著你家。

練習 47

通靈密碼

通靈密碼正是它字面上聽起來的那樣，是你用來鎖定和解鎖某些東西的密碼。雖然它第一次的使用是和「靈域安全系統」合併的，但也可以把它用在其他方面。它的主要概念是，當使用密碼時，它是一個能設定或解除某些東西的魔法的工具。在巫術中說某件東西「設定了」或「要設定」是代表一個咒術一旦被施作後，能量就無法改變了，而這通常是用魔法工具完成的[15]。有了密碼，我們既可以設定能量，又能為我們打算「解除設定」的東西騰出空間，這有時是需

要的。它也確保除了我們之外，沒有其他人可以破壞我們的防護盾。

調頻。想像在你面前有一把鑰匙。現在，你將利用每一種通靈感官來為這把鑰匙設定密碼。召喚一種聲音、一種身體的感覺、一個影像、一種味道和一種氣味。一次執行一項，逐一完成這個設定的過程。現在，試著同時使用所有的密碼，同時聽、感覺、看、嚐和聞這密碼。想像你的鑰匙發出光芒，並且已經設好密碼了。若要在某個東西上使用你的密碼，就觀想有一個鑰匙孔，接著用你的鑰匙來鎖定和解開這鑰匙孔，進而固定或釋放能量。

雖然這項技巧相當簡單有效，但你要選擇自己通常不會一起使用的靈透力技巧來確認你密碼的複雜度。舉一個能幫助你了解有關密碼設定的例子：譬如粉紅色火鶴的影像、汽車的喇叭聲、乾淨衣服的氣味、萊姆的味道、樹皮緊貼著手的感覺。注意所有這些東西怎樣才不會攪和在一起，這樣可以確保你不會一下子想到所有這些東西，也讓其他的通靈人很難找出你密碼裡的每一個元素。如果你不經常使用這個密碼，一定要把它記錄在安全且隱密的地方，例如你的《影子之書》（Book of Shadows）[譯註]16 或日記，以便你有需要時隨時可以找到它。

15. Laurie Cabot、Penny Cabot 和 Christopher Penczak 合著 *Laurie Cabot's Book of Shadows*（Salem, NH: Copper Cauldron 出版，2015年），124頁。
〔譯註〕16. 影子之書是巫師個人的靈學筆記，內容通常以一些魔法祕語來做記錄。

第六章

巫師的三個魂靈

魂靈（soul）[譯註]17在巫術和許多異教傳統中通常被認為是複數而不是單數的，這與其他主流宗教和靈性形式不同。最常見的劃分法是將魂靈分為三個部分，雖然也可能分成更多或更少個。魂靈一詞是指構成一個人心性的幾個主要層面，這些層面可以共同合作，也可以各自獨立地發揮功用。它們是三位一體的一部分，但也能完全分開。這三個魂靈就本質上來說，可以被看作是思想、身體和心靈。巫術中經常使用魂靈一詞來表達對這些組成部分更多的敬意，以及探討它們在表象之外更深的涵義。

這三個魂靈在巫術中有時被稱為「三個魂魄」、「三個心識」、「三個自我」或「三個行者」，但在世界各地的其他宗教、薩滿教義和靈性傳統中也都有將魂靈劃分為三個部分的說法。這三個魂靈被認為是我們多次元生物學的第一個層面，了解它們能夠為魔法和靈力帶來幫助。在這思想體系內的主要影響似乎是來自「巫術的仙靈傳統」（the Faery (or Feri) Traditions of Witchcraft），它是從「胡那」（Huna）療法那裡採納而來的。在巫術中這類內容的首次公開發表是在史達霍克（Starhawk）的《螺旋舞》（*The Spiral Dance*）中，史達霍克是維克多・安德森仙靈傳統學院（Victor Anderson's Feri Tradition）的學生。

〔譯註〕17.soul 和 spirit 經常被相互混用，兩者在中文裡通常都被稱為「靈魂」。但這裡的 soul 指的是我們個體化的、人格部分的性靈；spirit 指的是神性或不朽的精神部分，或指一些無形的存有。為區分兩者，此處譯文以「魂」或「魂靈」來表示 soul，以「靈」或「靈魂」來表示 spirit。

本書將以最通俗的用語，即較高自我（高我）、較低自我（低我）與中層自我（中我）來談論這三個魂靈。這三個魂靈有其各自與人體接觸的焦點，它們在異教徒傳統中被稱為「三個大釜」（Three Cauldrons）。「三個大釜」的概念源自 16 世紀一首名叫「詩之釜」（The Cauldron of Poesy）〔譯註〕18 的愛爾蘭詩歌。人們認為這首詩是凱爾特人對三個能量中心的口傳祕義，它們有部分已經遺失，有部分受到細心保護。三個魂靈組成中的每一個都存在於不同層次的實相中：即巫師之樹的三個界域（the three realms of the Witche's Tree）、凱爾特人的三個界域（the three Celtic Realms）和世界之樹（the World Tree）。

　　低我指的是我們的身體，以及我們自身原始的情感層面。這是我們人類屬於動物的層面。第二個魂靈是中我，它指的是我們的心智，以及我們與其他動物區別的層面，也是我們人性的一面。它是我們能對過去的經驗進行推論、計劃、分析和回憶的部分。最後一個魂靈是高我，它是靈的名字，也是我們最接近神性的部分。你聽過「我們是有人類經驗的靈性存有」這句話嗎？或者你聽到的是「你並非擁有一個魂靈，你是一個有肉身的魂靈」的說法？這兩句話指的都是高我，它是我們永恆生命的部分。

〔譯註〕18. 西元 7 世紀，有位愛爾蘭的詩人根據愛爾蘭的傳統奧祕寫了一首詩，這首口傳的詩直到 16 世紀才有手抄本記錄下來。當現代學者發現它時，把它稱為「詩之釜」，因為它提到了詩歌是由內在的三個大釜調諧而創造出來的。三個大釜的位置與中國道教的三個丹田位置雷同。

每個魂靈層面都與巫師意識的各個層面有關，所以能感知到不同層次的實相。嚴格來說，它們在意識、理解和經驗的層次上各不相同。每個魂靈都被練就成以不同的方式來理解能量並與之合作。因此，透過了解每個個別的魂靈，並學習如何將它們調和為齊一的管道，一個人可以獲得不同的靈訊觀點和不同的能量操縱模式。透過三個魂靈的調諧，一個人將能完全存在、完全參與並同時進入他們生命本體的所有部分。

由於每個魂靈都存在於不同的界域，當巫師在做魂靈調諧時也會建立一個交叉口，讓三個界域合而為一。每個魂靈自我也可以被看作是這個界域的使者和存在於其中的實體。如此，這個魂靈自我就可接觸到這個界域內四大元素中的每個元素，並駐留在靈元素中。每一個界域之內都有整體的元素能量和細分元素，每一個魂靈都與這主導能量有一致性。水元素在低我和地下世界中占主導地位；土元素主要掌控中我和中層世界；風元素主要由高我和上層世界組成。在這些領域相交的地方，當三個魂靈調諧時，我們就有了火元素。

研究西格蒙德‧弗洛伊德（Sigmund Freud）和卡爾‧榮格（Carl Jung）所建立的與三個魂靈有關的心理模型，就能更加理解每個魂靈。每個魂靈都與一種特定動物的象徵能量有關，這能幫助我們與自己的這部分建立起連結和互動。當每個魂靈提供各自的感知天賦及能量作用時，也帶來了它們的障礙和挑戰。

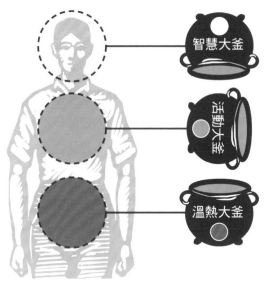

三個魂靈的三個大釜

·

生前與死後的三魂說

　　每個魂靈在死亡的前後都會與實相交互作用和關聯，它們每個都有自己要完成的任務。高我想要有物質實相的經歷供它們學習、體驗和成長。低我希望透過化為肉身來提升自己，治癒它的祖靈界。因此，高我降生而低我揚升，它們共同訂下一個契約。高我會提供機會給低我，使它能提升自己並治癒過去的創傷，而低我會製造一個軀體，讓高我降生進入這個肉身。當這個協定達成後，它們便融合並創造了中我，也就是個體的人格，中我將高我和低我結合在一起成為一個單獨聚合的存在。

死亡時，低我將回歸與祖靈融合，經過一段時日，它會變成更像一種流體般的集體存在，不再是個體意識。如果低我因為某種原因而被祖靈拒絕，這表示祖靈發現低我的化身於在世時做了令他們難以接受的選擇，祖靈認為低我完全沒有幫助他們提升集體意識的救贖特質，也沒有任何正面的貢獻，因此拒絕讓這個低我回歸到集體意識，而這個無法認祖歸宗的低我就變成了不死的靈界吸血鬼或飢餓的幽靈。

由於低我需要依靠不斷地連結土地和環境來積聚生命原力，被拒絕的低我這時已沒有肉身，也就做不到這件事。因此，它會尋找活人以吸取他們生命原力的能量。這些低我是聰明的寄生存在，通常被非通靈者和巫師們稱為「惡靈活動」（demonic activity）或「靈擾現象」（poltergeists），它們不斷地擾亂活人的生活，引發人們的恐懼、悲傷和憤怒的情緒，再靠這些情緒來餵養它們自己。同樣的，大多數「靈擾現象」或「惡靈活動」也可能是一個活人的低我因為失去自我控制而釋放的精神能量，比如高度敏感但情緒和荷爾蒙失調的青春期青少年。

死後的中我根據他生命中所發生的事件有幾種選擇。它可以化為塵土，將自己的經驗和智慧融入大地；也可以成為大地的守護靈，保留自己的個性；或如果它因為某種原因被困住，無法繼續前進或被大地拒絕，就會成為我們所知的地縛靈，或更常成為的是幽靈。高我則是永恆不滅的，它是我們真正不朽的部分。它被嵌入阿卡莎記錄（Akashic Records）和集體意識的宇宙心識中，它記得中我和低我累世化身的經歷。它將繼續去尋找另一個低我與它連

結，並形成一個新的中我，這就是我們自身真正輪迴轉世的部分。

這就是為什麼透過通靈、祖先工作、制鬼術、招魂術和生命輪迴療法所得到的訊息，都能同時真確又不謀而合的原因。每一種能量都是魂靈的不同層面。例如，一個靈媒通常會接引一個帶來療癒和愛的訊息的靈魂，雖然他們也會傳達他們中我人格的各個層面，但這更像是一種識別象徵，以確認被解讀的個案正在接觸的，是他們生命中曾經認識的人的高我。那些進行祖先工作和招魂術的人是與低我一起工作的。那些正受到鬼魂侵擾的人會按照剛才提到的「擾亂」性質，與被拒絕的中我或低我互動。

一直在指導轉世過程的是高我，然而矛盾的是它從未脫離與本源的連結。高我將自己的經歷記錄在被認為是集體記憶的阿卡莎記錄中。每個人的高我在更高層次和更高意識中都是相連的。我們的高我明白這種統合意識，可以稱它為集體意識。這也意味著高我可以接觸到地球上所有生命的記憶，並且理解這些記憶也是它自身經歷的一部分，因為高我了解在更深的層次上，我們是合一的。這也是為什麼有三百個人能記得克麗奧佩脫拉（Cleopatra，即埃及豔后）的生活的原因。曾經過著像埃及豔后那般生活的人，就像所有人類一樣，是由一個以上的魂靈層面組成的，所以她的經歷已經溶入了不同的脈流，新生命又從其中誕生。新生命的出現有可能使人們接觸到埃及豔后的生活的記憶，並把它當成他們自己曾經體驗過的生活。他們能接觸到這些記憶，是因為那是透過高我而分享的。許多人可能共享前世生活裡

某個人記憶的另一個原因是，這個人是一位祖先，他們共享了這個人的祖傳記憶。

然而，如果這三個魂靈能夠齊 對準，圓滿達成使命，並形成一個新的能量容器將這三個部分結合一起，那麼將會發生完全不同的事。這三個魂靈將擺脫出生、重生、形成和解離的循環。在巫術中，我們稱這種狀態為超凡亡靈（mighty dead），但其他的傳統可能稱之為聖人、菩薩、開悟者、成聖者或揚升大師。魂靈調諧（soul alignment）的作用會開始把這三個魂靈串連以便為這超凡狀態做準備，但不是誘發這狀態的發生。一個人需要經過完美地實現每個魂靈的使命，才能達到這種存在狀態。這是神祕主義（occultism）和密契主義（mysticism）[譯註]19的主要目標之一，它被稱為神格化，亦即成為神。

〔譯註〕19. 中文裡常將 occultisim 和 mysticism 皆稱為神祕主義，但兩者略有差異。Occultism 較強調的是神祕學裡實際操作的一面，包含煉金術、占星術、魔法等祕術的操練；mysticism 則具有較強的宗教內涵，著重的是信仰的修行與體驗，希望藉此獲得與神祕契合的狂喜體驗或啟示，故有學者認為應將它稱為密契主義。

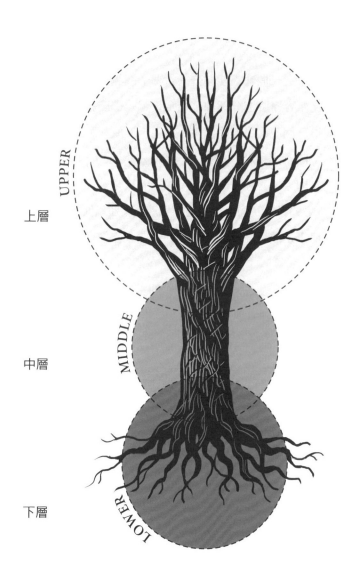

世界之樹

中層自我──預設意識

中層自我（中我）是我們能夠進行思考的層面，它具有自我的認同感與人我的分別感。中我認知的時間和空間是線性的。它使我們能夠計畫未來和緬懷過去，也使我們能夠轉譯來自高我和低我的訊息，並以線性和邏輯的方式傳遞資訊。它為物體、動物、人和抽象概念取名字和貼標籤。它是理解語言的魂靈，能用口語、心智和文字與他人、動物、大自然的各層面及靈界進行交流。正是中我讓我們能夠以巫師的身分述說自己的實相，並以密契主義者和神祕主義者的身分深入理解事物。

當一個孩子出生時，他的中我就被創造出來了。在他誕生時，就被銘印了那一刻的星象訊息，這些訊息影響並定義了他這一世裡重要的人生課題、優勢所在和人格特徵。中我就是正在靈性進展中身為人類的我們。

當中我自身失去平衡時，我們要不是說得太多而聽得不夠，就是太過沉默而自我表達得不夠。中我可以說既是說者，也是聽者。我們有可能不確定或不能說出我們的真相。但另一方面，我們可能過度拘泥於自己對真理的教條觀念，無法跳脫框架去觀察或思考，也無法理解其他的觀點和信念。所以，中我會在確定性與不確定性之間自我掙扎。它不允許矛盾存在，但在調解矛盾時又可能有問題。

當中我與高我不一致時，可能很難將他人視為自己的一部分，也可能難以連結與神性相關的概念。這可能導致存在主義、虛無主義或堅定的無神論（不是指不可知無神論），在此情形下，我們太過專注於心智能力，而無法感知更高的靈性能量或目的。我們也可能與現實的互連網絡失去連結，觀察事情容易見樹不見林。當中我與低我不同調時，我們仰賴的是邏輯而非情感，我們會壓抑自我，與自己的感覺分離。我們可能變得過度務實，凡事著重於謹慎和實用，而忽視了玩樂、想像和縱情享受。

在心理學上，與中我的層次最接近的是自我（ego）。雖然中我不等於自我本身，但自我是中我的一部分，了解自我可以幫助我們理解中我是什麼。在現代的精神教育中，與自我有關的概念有些混亂。當大多數人在譴責他們所謂的「自我」時，他們真正譴責的其實是「自我膨脹」，那是一種誇大自我的重要性、優越感或傲慢的態度。這導致人們對於靈性領域裡所使用的「自我」一詞產生一些困惑。自我絕對沒有錯，因為它是一種個性特徵、人格和個人表達的意識。然而，一些濫用靈性的導師和邪教領袖為了達成支配他人的目的，利用自我和自我膨脹的結合來使個人放棄自我意識。自我隨之被貶低到欠缺自我價值和自卑的地步。

在巫術中涉及道德問題時，我們不會含糊其辭，也不會把事情籠統地分為「好」和「壞」而已。在我看來，更健全的劃分方式是分辨事物是在平衡或不平衡的狀態。平衡的自我具有健全的自尊心和認同感，而失衡的自我總是將自我的重要性擺在他人之前，或者反過來將他人的重要性置於自我之前。找到一個健康的

授權平衡是很重要的。在巫術中，權力的平衡運用是指允許他人和自我共享權力，而不是使權力凌駕他人或自我之上。

中我的能量錨定點在心輪部位——也就是巫術中的「活動大釜」（the Cauldron of Motion）。「詩之釜」表示當我們出生時，活動大釜是用它的釜邊側立的，它能夠接收來自低我的溫熱大釜（the Cauldron of Warming）所產生的蒸汽和來自高我的智慧大釜（the Cauldron of Wisdom）所傾瀉的水。活動大釜的側立表示它是在未偏斜的狀態。當我們對我們本身、我們的生活、過去和未來感到樂觀時，它會往上傾斜，而當我們對這些事情持悲觀態度時，它會上下完全顛倒[20]。

中我的動物象徵以蜘蛛為代表，它能把低我和高我交織成為一個整體。它坐落在廣大實相網絡的中心，感受著較高和較低兩個界域活動的振動頻率，為彼此詮釋其中的涵義並在它們之間架起橋樑。中我透過我們的交流，創造我們和他人之間的能量線，它是我們與他人建立關係的部分。

中我與中層世界相連，主要存在於中層世界內，這是我們的物質實相及其對應的乙太層。中層世界還包含不同世界之間的界緣空間和入口。在世界之樹（the World Tree）中，它是樹的主幹，是我們最容易與之互動的部分，而這似乎就在地球本身。從元素上來說，中我和中層界域（the Middle Realm）是由土元素作為代表的，並且與凱爾特人的地域（the Celtic realm of Land）相對應。

20.Christopher Penczak，*The Three Rays: Power, Love and Wisdom in the Garden of the Gods*（Salem, NH: Copper Cauldron Publishing 出版，2010年），61-67頁。

互連網絡

「互連網絡」是一種我用來連結遠距的人的方法。在我個人的通靈工作中,我通常不會跟我的個案互動。我只需要知道他們的名字、居住地、年齡或星座就能進行解讀。人們經常問我,如果個案不在我面前,我怎麼能為他們解讀。答案很簡單,因為我們所有人在能量上是糾纏在一起的,我們都是相連的。我們只需聚焦於這種連結,就能利用它。

有個好方法能找到測試對象來做這個和下一個練習,就是向你的朋友詢問他的其他朋友的資訊(需要先得到他本人的同意才行),但這些人不能是你們共同認識的朋友。你也可以和你在網路上認識的人配對。如果你在網路上不認識任何有興趣參加的人,可以進來我的網站(www.MatAuryn.com),我在上面建立了與其他巫師見面一起做練習的社群小組。

調頻。設想一個你打算在心靈上和他連結的人,記得你要事先獲得與他們連結的允許。觀想有一個琥珀色的光球在你的心輪部位發光,大聲說三次你目標對象的全名,以及其他用來找出他的相關資料。通常,如果我有資料的話,我會說出名字、居住地和年齡。有時候我不知道或不想問人家的年齡,所以我通常會問他們的太陽星座是什麼。例如,你

可以重複這樣的話：

「簡多伊、華盛頓州西雅圖、天秤座。簡多伊、華盛頓州西雅圖、天秤座。簡多伊、華盛頓州西雅圖、天秤座。」

當你重複說出你打算通靈的對象的資料時，要像你在給你的琥珀色光球下命令那樣，以便尋找這個人。

觀想琥珀色的光球從你的心輪射出，射入你面前的宇宙。當它離開你時，會像蜘蛛一樣，在它身後留下一張蛛網狀的金色能量薄紗網。琥珀球正在尋找你的目標對象，無論距離有多遠，它都會和那對象連繫，並與他們的心輪相連，在你們之間形成一條通靈感應的能量索。

連結一旦建立後，你們現在就已經「心心相連」了，你已經準備好進行遠距的通靈解讀了。如果這個人對你來說是個陌生人，試著調頻連接他們的外表。不要強迫影像的產生，只要觀想一個人的輪廓，然後讓你的大腦開始描繪他的特徵，例如頭髮、眼睛、膚色、體型等。如果你還是不知道他們的長相也沒關係。讓他們的影像在你的巫師之眼中顯現出來。當你完成解讀後，在心裡收回琥珀色的光。進行一次通靈淨化，喚回你的能量並落實接地。

執行健康掃描

　　療癒是一項長期與巫術有關的技能。巫師是最早的能量治療師、草藥師、助產士和護士。在現代醫學出現之前，那些需要療癒的人會去找巫師、薩滿或能與植物和靈界連結的其他治療師。人們相信早期的人類能夠透過觀察動物、反覆試驗、以及透過靈魂或植物本體靈所提供的訊息，辨別出哪些植物被殺死與哪些植物被治癒。「藥房」（pharmacy）一詞源自希臘語的 pharmakeí，意思即我們當今所理解的毒品和藥物的使用，但也包括道術、咒語、符咒、治療和巫術的使用。在巫術中，我們將療癒視為整體性的，它不僅指身體的健康，還需融合各種形式的幸福感，盡可能為需要療癒的人帶來平衡和完整。我們可以看到在與許多土著文化的比較中，這些文化的療癒和魔法經常被翻譯成英文單字的醫藥（medicine）。

　　不過，要想得到治癒效果，我們首先要知道我們在治療什麼。為了做到這一點，巫師們使用許多不同的技巧來找出個人的問題。最簡單但最有效的方法之一是掃描個人的能量。當我在勞麗‧卡柏特的指導下受訓時，她曾經讓我們做一項健康掃描的練習。就像「互連網絡」的練習一樣，我們只需要知道一個人的名字、年齡和居住地就可以了。我們使

用她教我們的技巧，嘗試在靈性層面診斷這個已經被醫生診斷過的人，這樣其他人就可以驗證結果。

我對流血甚至是人體非常反感。我會開玩笑說，我喜歡假裝我們的皮膚下只有能量和光。不知什麼原因，器官、血液、靜脈和骨骼會令我反胃。作為一個專業通靈師，很多時候人們會問你有關健康的問題。永遠不要只有使用健康掃描而已，它們不應該是診斷疾病的唯一方法。如果你或你認識的人有健康的問題，他們應該安排與醫療專業人員的約診。健康掃描應該只被當作是對任何其他傳統醫學診斷的補充資料。如果你是為別人解讀，你應該特別強調這一點，並明確告知他們這不是診斷。

當我在解讀一個個案的健康問題時，我看到紅酒（對應血液）裡面有白色的塊狀物。然後，我看到一顆情人節的心，周圍也有白色的塊狀物。我把這現象解釋為血壓和膽固醇的問題影響了心臟，而事實證明我的解讀是正確的。

在另一個關於健康問題的案例中，我看到的是一對氣球相連在一起，不斷地膨脹和收縮，那表示他的肺有問題。假如我看到的是真的肺部器官和其疾病的樣子，我一定會因為覺得噁心而脫離已經轉換好的 α 波意識狀態。所以可見我收到的訊息會是我能夠處理的。但我當然不會把它解釋為：「我覺得你的氣球沒有充飽氣。」哈哈！然而，有一次在研究另一個健康問題的案例時，我一度感覺到頭痛，而且

不斷看到撞擊畫面。我說：「我覺得他們發生車禍了，因為我的頭不斷受到鈍器傷害，那已經造成腦損傷。」我把一次明確的撞擊（頭部因受撞擊引起的腦損傷而疼痛）解釋為一場車禍，但那次的結果卻極不正確。以下練習是我改編自勞麗·卡柏特那兒學到的東西。

調頻。進行「互連網絡」的練習。連結一旦建立後，開始專注在被掃描者的身體影像。伸出你的手，好像他們就在你面前。開始用你的手去感覺他們臉部的特徵，然後用你的雙手在你的巫師之眼中掃描他們身體前後兩邊的表面，多掃描他們幾次。注意任何持續引起你注意的部位。觀想影像變成可以讓人看見體內的 X 光片，並且可以放大和縮小影像。你看到什麼呢？

注意你身體內的任何感覺，包括不舒服、疼痛或痠痛。像手裡握住一個小空瓶那樣地伸出你的拇指和食指，實際地做出用這個小瓶子舀出他們的血液樣本的動作，並觀想這個影像呈現在你的巫師之眼中。

把這個小瓶子往上舉到你的巫師之眼前搖一搖，你看到什麼？血液的顏色深或淺？它有白點或黑點嗎？窄窄地搖一下瓶子，血液看起來稠或稀？別遲疑，說出你在這時候看到的和感覺到的一切。如果你的對象願意接受，你可以傳送療癒的能量給他們，我們將在本書稍後探討這一點。

增進和尋找記憶的魔法

　　有一次在播客採訪中，有人問說我怎麼能記住在那麼多書裡讀過的資料，以及我是怎樣快速閱讀的。這是我根據以前學過的一些技巧而自創的一個方法，它不僅能讓你記錄資料，還能讓你透過記憶取得資料。我有些已經超過十年以上的電子郵件帳號，早就記不得登錄密碼了，但利用這方法幫我又得到存取權限。這個技巧在學習或進行任何類型的測試時也有幫助。

　　按照在練習 18 時教過的，運用你的心靈提示。這裡的關鍵是根據命令進入 α 波，並達到那種放鬆的狀態。只需要在你的巫師之眼中，想像你腦海的畫面中有一個錄製和停止的按鈕。想像這個按鈕被按下，告訴你的大腦你想記下你正在閱讀或收聽的資訊。全部的技巧就這些！

　　要取得你已經不記得的資料，只需要再次利用你的心靈提示，進入光的冥想狀態。想像你腦海裡的畫面有一個搜索引擎欄，觀想你自己輸入了你正在尋找的資料或記憶。放鬆身心，讓你的大腦慢慢地搜索資料，直到它浮現在你腦海。記憶的浮現會因為它埋藏的深度和大腦對它的重要性的認知，可能需要等幾分鐘到幾天的時間，所以不要嘗試去強迫它出現。刻意用你的心靈提示來記錄資料，可以使你更容易取得它們。

提問的力量

「對我來說，問號（？）是巫師最神聖的象徵。因為我們敢提出異端的問題，」身兼南方魔法師、巫師長老和仙靈預言家的奧理安・福克斯伍德（Orion Foxwood）[21]如此寫道。這是個讓人不得不信服的聲明。我是在一個有虔誠信仰的家庭中長大的小孩，還記得小時候，我的好奇心使我在主日學校裡惹上許多麻煩，但它也為我開闢了一條教會以外的探索之路。對於我們在教會中所學的神學和哲學上的漏洞提出質疑是非常令人反感的。畢竟，花園裡的蛇是有史以來第一個提出問題的生物，導致亞當和夏娃摘下知識樹上的果實來吃。當然，這類型的問題是來自異端的思想，至少這是教堂裡的長輩們很肯定地對我說的原因。

舉例來說，在我被教導的事情中，有三件是互相牴觸的。首先是上帝是無所不知的，祂知道過去、現在和未來的一切。第二件事是上帝是充滿愛的。第三件事是上帝使那些背離祂誡命的人遭受永恆的苦難。深思這些問題使我感到困惑難安，我問說：「如果上帝充滿了愛，為什麼要讓我們永遠受苦呢？」有人告訴我，這是因為上帝賦予我們自由意志去選擇這條路。這是不正確的，因為就技術方面而言，是蛇給了人類自由意志。「是的，但是如果上帝是無所不知的，祂甚至在創造我們之前就知道我們會選擇

21.Orion Foxwood，*The Flame in the Cauldron: A Book of Old-Style Witchery* 中 *The Witch Lives* 的註釋（San Francisco: Weiser Books 出版，2015 年），xix 頁。

什麼，那為什麼祂知道我們會自由地選擇違背祂的誡命，卻還創造我們又讓我們永遠受苦？如果祂真的愛我們，祂就不要創造我們，或直接終結我們的存在，而不是永遠折磨我們？」

這些問題後來並沒有被好好處理，當我的主日學老師與我的監護人談過話後，我回家時受到了懲罰。我記得我的主日學老師曾試圖用她的話要我閉嘴，她不屑一顧跟我說：「我們是誰呀，竟敢質疑上帝？」但她這樣只會加深我的疑惑。對我來說，這是個很明智的問題。我們是誰？上帝是誰？為什麼是我們？為什麼是上帝？這些問題困擾著我，讓我開始渴望了解答案，如今我的渴望仍未被澆熄。

問題比答案更重要。提問和批判性思考的力量是文明發展的驅動力。提問一直是人類生存中最重要的一環。我只能想像我們的遠祖會問一些這樣的問題，例如：為什麼植物會生長？我如何保持溫暖？我們為什麼在這裡？我們從哪裡來？我不禁把提問視為科學、哲學、宗教和歷史上所有創新的驅動力。

問題具有激發、啟示、刺激、創造或毀滅的力量。如果我們想承載偉大的奧祕，發展成為獨特的個體、巫師和通靈人——我們必須要提出問題。提問是巫術未來進展的唯一途徑，因為追問是進展過程中所有重大轉變的前身。我們的中我擁有智慧的力量，也有能力透過批判性思考和提問來探索圍繞著我們的宇宙。在教導巫術和靈力時，我總是鼓勵學員提問，這不僅是為了確保每個人都能理解我分享的內容，也因為他們的提問通常也會讓我學到一些東西，或發現一個我還沒想過的問題。

沉思式的追問

做這個練習時,你不需要以任何正式的方式調頻或冥想。你只要與你的中我合作,用你的頭腦去找出你的中我是誰的根源。你只需要和自己進行一場內在的對話,不斷問自己一個重複的問題來回答你最初的提問。這些問題包括「誰?」「什麼?」「在哪裡?」「什麼時候?」「為什麼?」和「怎麼做?」你要保持這種對話,直到你無法再回答任何問題為止。透過這種對話式的追問讓你可以洞悉自己是誰、你的動機是什麼、釐清無意識的制約,以及洞察自己真正的信念是什麼。把你得到的結果記錄在日記裡,並不時地追蹤自己的進展是很有助益的。

最初提問的例句:

我是誰?

什麼是神性?

我是什麼?

意識是什麼?

是什麼阻擋我去追隨自己的夢想?

我相信什麼?

為什麼我有這種願望?

我為什麼存在?

所有東西為什麼而存在？

我在哪裡？

為什麼我這麼認為呢？

我為什麼這樣做？

為什麼我會有這種感覺？

我怎麼阻止自己？

為什麼我這樣對待自己？

為什麼我這樣對待別人？

為什麼我想提高自己的靈力？

我為什麼要施展魔法？

我真正的動機是什麼？

第七章

較低自我與陰影

較低自我（低我）是你本身的一面，它感覺並連結我們的身體、情感和能量環境。它是原始意識。由於它對時間和空間的感知能力永遠只停在此時此地，所以它會固守過往的情感和能量，彷彿那些才是它當下正在發生的經歷。一些巫術的傳統稱這樣的魂靈為「粘塵人」（Sticky One），我認為這是一個非常貼切的形容。它暗示著低我像海綿一樣，吸收並攝取周圍環境中的一切，但它在某些方面也是最混亂的魂靈。低我尚未發展語言，它的溝通方式很像一個還沒學會說話的孩子或一隻試圖傳遞訊息的動物同伴。它是透過感覺、渴想和期望來做表達的。

低我通常被形容為獸性的、原始的、孩子般的、本能的、性慾的。低我源自祖先，主要由血肉之軀構成，祖先們透過瑞文‧格里馬西（Raven Grimassi）等巫師所稱的「血脈之川」（the River of Blood）在我們代代之間生活，從我們第一個祖先直到現在是從不間斷的血統[22]。因此，他們的智慧會以進化的本能和祖傳知識的形式串流我們，如果我們願意的話，就能順應他們的指導和幫助。當我們死後，低我與祖先融合時，我們會用這一世的化身所累積的知識和療癒來回報祖先的這個恩惠——這就是祖先首先選擇結合高我的原因。低我是我們人類靈性進化的起點，它是我們的祖先和祖先的恩賜。

22.Raven Grimassi，*Communing with the Ancestors: Your Spirit Guides, Bloodline Allies, and the Cycle of Reincarnation*（Newburyport, MA: Weiser Books 出版，2016 年），xxi 頁。

在靈力方面，低我會評估它的環境並將訊息傳遞給中我，中我將身體感覺、情緒感受、本能、直覺和預感轉譯為思想和語言。當低我和中我調諧時，它們會進行對話，那就是我們所謂的直覺。我們憑直覺了解有關自己、他人、情境、環境和可能途徑的訊息，卻不知道邏輯上的原因。

心理學上與低我的層次最接近的是本我（id）。雖然低我不是本我，但本我是低我的一部分，了解本我可以幫助我們了解低我是什麼。本我是我們衝動、原始、好鬥和性本能的一部分，包含我們由父母那裡繼承而來的所有生物組成。剛出生的孩子都是本我，隨後才發展出一個自我（ego）和一個超我（superego）——正如人類魂靈進化的過程是由我們所從來的低我、我們所是的中我、以及我們將進化的高我所組成的一樣。本我追求享樂和誘導焦慮，以逃避不愉快的感覺和痛苦。

·

內在小孩

我們也可以把低我看作是內在小孩，如此就能理解它愛玩並且想要有愉快體驗的特質。當我們先前在探索想像力和沉浸通靈的角色時，就是在發掘我們的內在小孩和低我。低我是我們會做夢和想像的部分，完全是非邏輯性的，因此是不受制約的。低我以這種樣貌最容易與高我連結，中我則將它們交織在一起以理解訊息。這就是為什麼直覺（即低我的現象）和靈力（即高我的現

象）兩者會傾向於模糊界線而彼此交纏的原因。

　　當低我本身失去平衡時，我們若不是變得過於耽溺自我、缺乏約束力、容易有上癮和不良習慣的問題，就是反過來不許自己享有愉快的體驗，以及（在最壞的情況下）否認我們的身體想要生存的渴望。低我要面對的挑戰是紀律，它要找出適當的控制水平來使我們在獲得欲望滿足的同時，又不讓我們的惡習最終摧毀我們的生活。弗洛伊德把本我比喻為一匹馬，把自我比喻為騎士，所以面對低我的挑戰的方法就是訓練野馬但不至於虐待它。

　　當低我失去與中我的平衡時，我們會對自己的感受和體驗失去意識，否認自己存在的完整性，進而產生陰影的問題。中我會將我們不想擁有或不想承認的經驗、情感和我們本身的某些方面剔除，但低我始終意識到它們的存在。分析心理學派稱此為陰影，並將這些經驗和特徵統稱為陰影自我（the Shadow Self）。陰影自我是被自我的意識之光所排斥的東西，它會被推回心靈的陰暗角落，在那裡它雖然沒被看見卻一直存在。然而，陰影自我仍然是我們本身的一部分，我們越忽視它，它就越努力要引起我們的注意及回到我們有意識的頭腦中。它用無意識的行為和對他人的投射當作其表達方式。低我和中我不調諧的另一個挑戰是，我們可能變得太過天真而容易受騙，因此欠缺識別和批判性思考的能力。

　　當低我與高我不一致時，我們會變成兇殘的惡人，成為人類最壞的典型。高我具有一個明辨是非的精神道德羅盤。就某種意義來說，當低我與高我不同調時，我們的野性會變得太強，在「戰鬥或逃跑」的行為會更快摧毀和傷害他人。我們可能很難與他人

相處和同情他人，或是不在乎自己會如何影響環境和動物。這也會造成能量和情緒方面的吸血鬼行為，我們藉此行為有意或無意地操縱別人和吸取別人的能量，以滿足自己的能量來源。

低我的能量錨定點在腹部——也就是巫術中「溫熱大釜」的所在。作為黏塵人的低我從我們周圍積聚生命原力的能量來激發我們，《詩之釜》中表示在我們出生時，「溫熱大釜」正好是朝上的，它把生命原力的蒸汽傳送給「活動大釜」並使它升溫——它因此得到「溫熱大釜」之名。低我的動物象徵以從療癒和智慧中升起的蛇為代表，這個意象出現在許多文化中，從昆達里尼（Kundalini）到阿斯克勒庇烏斯之杖（the staff of Asclepius）、赫密斯的蛇杖（the caduceus of Hermes）、摩西的杖（the staff of Moses）到埃及法老的聖蛇烏賴烏斯（uraeus of Egyptian Pharaohs）。就像蛇一樣，低我非常靠近大地，它與自然界和身體總是相連的，同時也是它們的一部分。

低我連接著下層世界，主要存在於下層世界中，這是祖先、啟蒙、療癒、再生和智慧的界域。在世界之樹中，表面上看不到的樹根深深潛入了冥府世界（the Underwolrd）。低我和冥府世界的界域以水元素為代表，水元素象徵情感和星體能量，並且與凱爾特人的海域（the Celtic realm of Sea）相對應。

陰影自我

　　瑞士的精神病學家及心理分析師卡爾・榮格（Carl Jung）是一位有豐富作品的作家，他的著作不僅在心理學和精神病學領域，也在成癮恢復、煉金術、考古學、藝術療法、人類學、舞蹈療法、哲學、靈性、宗教研究和超自然現象等領域都極有影響力；他甚至影響了量子力學對心靈的解釋。他的許多觀念，譬如他的共時性、人格原型和陰影自我等概念，也對異教信仰和巫術產生了相當大的影響。

　　榮格的陰影理論表示，我們每個人的內心都帶著自己想要否認的部分自我。如果我們認為我們的自我，就是我們看見自己本身的光明面，那麼陰影自我就是存在於心靈中被自我所拒絕的一切[23]。儘管陰影自我包含了我們的羞愧感和自我認知的弱點，但它也不一定完全是負面的；它也可能是我們欠缺或待解決的某些層面。例如，如果一個人的自尊心低落，他們的心理賦權意識就存在於他們的陰影自我中作為補償，因為他們在如何看待自己的方面，拒絕了自己的這個面向。解決這個陰影自我的問題就要靠內省來誠實地看待自己。

　　在德爾菲（Delphi）的古希臘神阿波羅（Apollo）的神廟上刻有

23.Carl G. Jung，*The Collected Works of C.G .Jung: Volume 9, Part II, AION: Researches Into the Phenomenology of the Self*（Princeton, NJ: Princeton University Press 出版），1959 年，8-9 頁。

「認識你自己」（Know Thyself）的字樣。這座廟因皮媞亞（Pythia）而聞名於世，皮媞亞是這座廟的高級女祭司的頭銜，她負責傳遞神諭的預言給阿波羅，阿波羅本身在許多事物中就是個預言之神。皮提亞是有史以來最著名的通靈師和高靈傳訊的管道之一，她在古代便因預言的準確性而備受推崇。廟宇上的銘文顯然對廟宇具有很高的重要性，這些文字使我們對這位偉大通靈師的一個重要面向有了關鍵性的認識——亦即徹底了解和掌握自己的重要性。要做到這一點，我們需要了解真正的自己，而不是我們想要認為的自己。

榮格提出，一個人不僅要關注自己和靈性的正向層面，也要面對自己的陰影自我，才能對自己的天性有所啟迪[24]。陰影自我就像一個受忽視的孩子一樣，一個人越抗拒面對它，它就越會耍脾氣讓我們認出它。我們的陰影自我最常用來引起我們注意的方法是將它投射到別人身上，試圖引起外在的爭鬥，這只會使否認我們陰影自我的問題長久存在，而不是健康地承認並整合它[25]。

但是，處理我們的陰影自我，為什麼對靈力或巫術是必要的呢？原因之一是這樣能讓我們覺察到自己投射到別人身上的東西，以及我們真正從心靈上接收的東西，並且能夠分辨兩者的差異。戴文·杭特也教導我們說，許多不友善的靈往往會試圖利用我們的恐懼和脆弱來對付我們[26]。這可以包括從自我膨脹或自卑到我

24.Carl G. Jung，*The Collected Works of C.G .Jung, vol.13: Alchemical Studies*（Princeton, NJ: Princeton University Press 出版，1983年），265-266頁。
25.Carl G. Jung，*The Collected Works of C.G. Jung, vol.13: Alchemical Studies*（Princeton, NJ: Princeton University Press 出版，1983年），297頁。
26.Devin Hunter，*The Witch's Bookof Spirits*（Woodbury, MN: Llewellyn Worldwide 出版，2017年），83-84頁。

們最深的恐懼、癮頭和惡習。藉由明確地知道我們是誰，並將我們的陰影自我重新分配給更加平衡和更有益的角色，我們在自己的靈力和巫術方面就坐上了主權的寶座。這意味著我們處於控制之中——不是我們的陰影自我，也不是外來靈——我們處於個人權能的中心。作為巫師，構成我們自己的所有組成部分都不斷地在彰顯我們的實相——即高我、低我和中我的樣貌。我們希望盡可能地掌握自己的顯化；因此，我們需要確保我們的陰影自我正在彰顯的，與我們其他的部分是調和一致且不會破壞我們的意志的。

在「巫術的仙靈傳統」中，陰影自我被認為是我們自身的向外投射，有時被稱為影子戀人或影子孿生子[27]。影子戀人是我們低我的一個層面。巫術是在看似不同的兩極之間的一條蜿蜒之路，也是一條煉金術的精鍊之道，它將這些對立的層面結合成為整體。這種將兩個不同的部分煉化統合是許多巫術傳統的一個重要主題。無論是大禮儀（the Great Rite）中男神和女神的相聚[28]，或是在一整年的安息日（sabbats）中，光之神（the God of Light）和角之神（the Horned God）聚在一起相互戰鬥[29]，還是蛇和鴿子這對神聖的孿生子融合一起成為「藍色上帝」（the Blue God）[30]，其焦點都是在對立面的融合上。

27.Storm Faerywolf，*Forbidden Mysteries of Faery Witchcraft*（Woodbury, MN: Llewellyn Worldwide 出版，2018年），29頁。

28.Raven Grimassi，*Encyclopedia of Wicca & Witchcraft*（St. Paul, MN: Llewellyn Worldwide 出版，2003年），193頁。

29.Christopher Penczak，*The Outer Temple of Witchcraft: Circles, Spells and Rituals*（Woodbury, MN: Llewellyn Worldwide 出版，2014年），372頁。

30.Storm Faerywolf，*Betwixt and Between: Exploring the Faery Tradition of Witchcraft*（Wood bury, MN: Llewellyn Worldwide 出版，2017年），29-30頁。

《卡巴萊恩》(*Kybalio*)是一部探討實相本質原理的奧祕經典，它指出此處要記住的兩件重要事項。第一件事是《卡巴萊恩》所謂的兩極法則（the Priciple of Polarity），意指所有事物都有正反兩極的對立面。有光明就有黑暗，有男性就有女性，有熱就有冷。但是極性的概念只有透過下一個法則才能完全被理解，亦即律動法則（the Priciple of Rhythm）。律動法則指出，一切事物都是在兩極之間不斷變化的振動頻譜。性別角色是一個頻譜，光明、黑暗和溫度也都是。

榮格和許多神祕主義傳統，都強調將對立面結合為一體。榮格將此概念稱為個體化，它承認我們未察覺到的自我的各個層面，並將它們融入我們的自我意識中。這在煉金術中被稱為「偉大工程」（the Great Work），而在神祕的傳統（包括許多巫術傳統）中，巴風特（Baphomet）是「偉大工程」的象徵。我的一位老師稱巴風特為「偉大的啟迪者」（the Great Initiator）。巴風特是由神祕學家伊利法斯‧列維（Éliphas Lévi）根據十四世紀聖殿騎士團（the Knights Templars）的審判而創作的象徵性圖像。

乍看這圖像時可能覺得很嚇人，但我相信這是它刻意呈現的部分。它並不是像人們普遍以為的是一個代表魔鬼的形象，反倒是一種代表宇宙勢能和智慧的形象，以及代表希臘神祇「潘」（Pan）[31]的寫照，古希臘人將他的名字比作泛（*pan*）這個字，意思是「全部」。列維寫道，巴風特的圖像是所有魔法的關鍵，因為它是所有魔法能量的來源，他和他那個時代的許多神祕學家都將這來源稱為「星界光」（astral light）[32]。

巴風特是將宇宙所有勢能結合成單一象徵性實體的圖像。巴風特是男性與女性、光明與黑暗、所有的古典元素、動物與人類、上與下、天使與惡魔的集合體。在巴風特往上舉的那隻手臂上有溶解（*solve*）一詞，是指分解元素的煉金術術語；在他往下擺的那隻手臂上有另一個詞凝結（*coagula*），是指把元素結合在一起的煉金術術語。它是萬物所生與萬物所歸的本源，正如仙靈傳統中的經典祈禱文所說：「聖母啊！在你之內，我們生活、行動並擁有我們的存在。萬物從你而來，萬物回歸於你。」[33]朵琳・瓦倫特（Doreen Valiente）所寫的《女神的威卡教導》（*the Wiccan Charge of the Goddess*）也這樣說：「因為我是賦予宇宙生命的自然之魂，萬物由我而起，萬物必歸向我。」在《黃金黎明》一書中有一句話在儀式中傳頌著：「哦！自然之魂，將生命和能量賦予宇宙。萬物從你開始，萬物必歸於你。」[34]杰拉德・加德納（Gerald Gardner）和阿萊斯特・克勞利（Aleister Crowley）都說潘是一切的吞噬者和一切的創造者[35]。他們所指的都是巴風特圖象中所體現的同一股神聖勢能。

31.Éliphas Lévi，*Transcendental Magic*（York Beach, ME: Weiser Books 出版，2001年），308頁。

32.Éliphas Lévi，*Transcendental Magic*（York Beach, ME: Weiser Books 出版，2001年），104頁。

33.Storm Faerywolf，*Betwixt and Between: Exploring the Faery Tradition of Witchcraft*（Woodbury, MN: Llewellyn Worldwide 出版，2017年），22-33頁。

34.Israel Regardie，*The Golden Dawn: A Complete Course in Practical Ceremonial Magic*（St. Paul, MN: Llewellyn Worldwide 出版，2003年），433頁。

35.Gerald Gardner，*The Meaning of Witchcraft*（York Beach, ME: Weiser Books 出版，2004年），161頁；Aleister Crowley，*The Book of Thoth*（York Beach, ME: Weiser Books，2004年），62頁。

有人引用維克特‧安德森（Victor Anderson）的話說：「上帝是自我，自我是上帝，上帝是一個像我一樣的人。」[36]同樣的，在阿萊斯特‧克勞利的《諾斯替彌撒》（Gnostic Mass）中，也提到一句話「我沒有任何部分不是上帝的。」[37]對我來說，這暗示著「赫密斯公理」：「在上如此，在下亦然。內在如此，外在如是。」的涵義，以及在全息宇宙的概念裡提到的，我們是更大結構的分形，我們之內包含了更大結構裡所有的一切。我們不僅是宇宙的一部分，也是宇宙本身的一個縮影。我們不僅是巴風特的一部分，我們也是巴風特本身。因此，我們的工作是宇宙的偉大工程，了解我們自己的各個部分，是掌握魔法和通靈連結的關鍵。

•

自我附體

自我附體聽起來就像：完全體現並與你的一個或多個魂靈調諧。如果我們將自己的身體視為一棟建築物，我們可以選擇像鬼屋那樣對待它，讓自己未知的各個層面任意遊蕩和製造混亂；或者我們可以將它當作一座聖殿，尊敬它並與住在殿中的各個層面的自我建立個人關係。我們可以祈求或召喚我們自我的那個層面以獲得這種關係來更加了解自己，使我們自己與那個層面調和，並建立起一種關係，讓我們能使用它的能量。

---

36. T. Thorn Coyle，*Evolutionary Witchcraft*（New York, NY: Tarcher/Penguin 出版，2004 年），43頁。

37. Lon Milo DuQuette，*The Magick of Aleister Crowley: A Handbook of the Rituals of Thelema*（York Beach, ME: Weiser Books 出版，2003年），241頁。

巴風特

自我附體：召請低我

　　低我能被召請來進行療癒、變形、迷惑，與動植物、自然界和自然神靈交流。你可以召請低我來進行出神的儀式和練習、星體旅行、夢境回想，並且在你需要從一種更為「戰鬥或逃跑」的心態進入你的環境或一個情境時，也能呼喚低我調和到你的直覺自我。當我需要與我的內在小孩或陰影自我交流，以便進行療癒或自我照護時，我也會召請低我。

　　從調頻開始。把你的意識帶到你的下層大釜中。深吸一口氣，想像自己吸收了周圍所有的能量，並用這些能量充滿你的下層大釜，把它看作是對你低我的獻禮。再深吸一口氣，呼喚你的低我來掩護你，觀想你自己被具有保護作用的原始陰影所包圍。

> 「原始自我、黏塵人，由陰影和塵土構成，
>
> 變形者、活魂自造者、肉慾之軀、
>
> 未玷汙的野性之子、岩壁上的舞者、
>
> 邪惡巫醫、竊火者、樹籬騎士、
>
> 尋歡作樂者、夢想演說家、敞開心扉的雙手，
>
> 非語言的、永恆的、祖傳的與大地的連繫，
>
> 我呼喚你現在起來，成為我神聖的一部分！
>
> 我呼喚你現在起來，給予我庇蔭！」

要回到正常的中我狀態，只要執行「關閉啟靈」的練習即可。

與陰影自我對話

莎拉・林恩・鮑曼（Sarah Lynne Bowman）博士首先向我介紹了卡爾・榮格的作品和陰影自我的概念。莎拉是一位學者、作家、教授，也是一個非常有靈性的人。以下是她根據她在神祕學院對朱瑪娜・索菲亞（Jumana Sophia）的神聖女性冥想，以及榮格和威廉・格拉瑟（William Glasser）的開創性工作而發展出來的一種儀式。

她提供的這個儀式可以幫助尋道者觸及他們陰影自我的層面，與它們調諧、建立對話，轉化並整合它們。此儀式的目的是幫助個人消除他們陰影層面中的羞愧感，將它們視為盟友，發現它們內在的核心需求，並找出將陰影自我與日常生活整合和平衡的最好方式。因此，這種做法認為陰影自我的整合是促進心理和精神健康的重要途徑。我建議在開始這個儀式之前，先進行召請低我。

找一個你覺得舒適的地方，保持醒覺而不受干擾。根據你需要的坐下或躺下。深呼吸幾次。吸氣時，專注於把自己分散到世界各地的能量召請回來，收回到你的核心。吐氣

時，放鬆你的脊椎，讓它毫不費力地支持著你。

當你感覺自己的能量已經回歸你的核心時，掃描一下你的情緒自我。你有什麼感覺呢？你平靜嗎？你有感覺到譬如：焦慮、恐懼、憤怒、激動等任何干擾嗎？注意這些情緒，以及它們在你體內的位置，但不需要去改變它們。

如果你有一個特別想要處理的陰影面，把它帶到心裡。你可能會發現那個陰影面早已存在你的情緒體中，表現出焦慮、憤怒或恐懼的樣子。或是當你在思考某個特定的陰影面（譬如：貪婪、誘惑、憤怒、自憐等等）時，你可能會感覺到情緒升起。在此階段，只要注意你出現了什麼感覺就好。

當我們接觸到自己的陰影部分時，我們往往感到羞愧、恐懼或對它們產生批判。做幾次深度清理的呼吸。吸氣時，想像羞愧、恐懼或批判在你體內的位置。它集中在一個特定的能量中心嗎？把注意力集中在那個部位。吐氣時，想像羞愧、恐懼或批判的釋放，就像一條鬆脫的絲帶在你周圍的宇宙中散開。重複這個練習，直到你感覺那個障礙已被消除。

接著想像一下那個陰影面。當你觀想它時，它是什麼樣子？它有顏色、紋理、符號嗎？它是人或是動物的形象呢？牢記這個影像。

現在，你將給予這陰影面一個聲音和一個名字。這個名字可以是一個字或一段描述。陰影自我會試圖以各種我們可能不認識的、多半是微妙或間接的方式與我們溝通。但這裡

的目標是與陰影自我直接對話和交流，詢問它想要什麼和為什麼。

與你的陰影面對話。你的陰影自我想要滿足什麼需求？也許是一些諸如權力、安全、樂趣、歸屬感或自由的基本需求。或者，你的需求可能更具體和更獨特。想像你的陰影自我隱藏在神祕的氛圍中，像一個被煙霧圍繞的貝殼。打開貝殼看看，貝殼內的核心需求對你來說是什麼？它是什麼樣子？是什麼顏色、形狀或質地？

與陰影討論一些它一直試圖滿足那個需求的方法。這些方法是否已造成你生活的干擾？它們是否在某種程度上傷害了別人？你是否壓抑這個陰影面，壓抑了需求？你經常聲稱根本沒有這需求嗎？你是否試圖在你有意識的生活中用其他方法，一種還無法全然滿足你的方法來解決這需求？探索這個陰影部分是如何在你的生活中顯現的。

與陰影自我討論如何可以讓你獲得那個需求，又能顧及你自己和他人的利益。如果你需要某種類型的樂趣，要如何才能更安全地得到呢？如果你對權力有需求，你如何在授權給自己的同時也授權給身邊的人？請求你的陰影自我成為你道路中的盟友，與你合作。如果你的陰影自我暗示了你認為不道德的行為，請溫柔地解釋為什麼你不想追求那種能量或行為。你可以幫忙提出替代方案，想辦法讓你的陰影自我得到它所需要的。

想像你對自己的陰影面做出一個表達感謝和愛意的姿勢。也許給你的陰影一個擁抱，也許是想像用光的能量牽著陰影能量的手。對你的陰影自我和它教你的所有課題表達愛意和感激，同時與它一起進入平衡中。請記住，你的陰影自我是你的盟友，永遠都是。

感謝你的陰影自我並釋放它。做幾次深呼吸，回到你自己本身。感謝你有勇氣經歷這個旅程。

拿出日記來寫下你的體驗。你與陰影的對話教導你什麼？你和陰影自我討論怎樣讓它的能量得到最好的表達時，有得到任何結論嗎？釋放了有關陰影的羞愧感是什麼感覺？注意任何情緒上或能量上的轉變，並將它寫在日記中。

我建議做這個練習時使用滴定法，即一個接一個地來處理每個陰影部分，甚至是一小塊一小塊地處理複雜性更高的陰影面。我不建議你嘗試一次挖掘出陰影自我的所有層面，這可能會讓你不知所措，而是要慢慢地、個別地處理每個層面，並從中學習每個課題。你可以選擇分幾個階段，甚至分幾年的時間繼續處理這些層面。隨著你自己的持續成長，陰影自我將演化成新的展現方式。與它的神祕保持同調，擁有並整合它，你與自己本身將更加平衡。

低我的迷幻術

　　迷幻術是一種魔法作用，它能改變人們對某物或某人的看法。迷幻術（glamoury）這個字來自蘇格蘭語的單字 *glamer*，意思是魔法、咒術、魅力或迷惑。它被認為是誤用了英語的語法（*grammar*）一字，其字義的背後有著相似的玄祕內涵。在 19 世紀中期，這個字失去了它魔的涵義，而與指稱某人有吸引力、有魅力和誘人的相關，很像「迷人的」（bewitching）這個字。在凱爾特人的民間傳說中，迷幻術最常與那些看起來會改變形狀和改變事物出現方式的小仙子連結在一起，譬如讓稻草看起來像金子。迷幻術並不是真的改變一個人或物體的實際外形，而是創造一種幻覺，使人相信某種東西給他們的感覺，但這感覺與實際的東西是不同的。當我想到迷幻術時就會想起章魚，章魚幾乎可以在任何環境中偽裝自己，某些種類的章魚（例如模擬章魚）會扭曲自己的身體，模仿其他海洋生物來愚弄捕食者和獵物。在遇到更糟的情況下，如果章魚有需要，它還會噴出一團墨水來困惑捕食者，讓自己能快速逃跑，就像舞台魔術師用煙霧彈讓自己消失的手法一樣。這個咒術是暫時性的迷幻術。我發現如果咒術施作得好，它的效用可以持續大約一天。這個概

念是讓你的低我在你自己周圍投射一個形象給別人，他們也會透過自己的低我來接收它，不過他們並不會意識到這一點。就這個意義來說，它是透過動物的本能把幻覺從一個人傳遞給另一個人，然後有意識的頭腦會把這種狀況解讀為類似直覺，他們只是在沒有覺察到原因的情況下從這個直覺中感知到關於你的某些東西。我曾經在求職面試中使用它而被認為是完美的員工。當我過去需要在大眾面前演講，需要比我的當下狀態有更大的自信時，我也用過這個咒術。它的用途是不計其數的。

施展這個咒術時要站在鏡子面前。從召請你的低我開始。觀想你的低我的朦朧薄霧像章魚的墨水那樣包圍著你，使你的影像變扭曲。在你的巫師之眼中維持著你想被別人認知的影像。如果你想表現得更有自信，那是什麼樣子？你自信的樣子看起來像什麼？如果你想讓自己看起來更有吸引力，那是什麼樣？真正聚焦在那個影像上，毫不眨眼地凝視你鏡中的倒影。你應該注意到你的影像會開始慢慢消失。繼續保持你想要被感知的影像，並把它覆蓋住鏡子裡你原本的影像。然後吟誦：

「用我施放的迷幻咒，

　我改造了自己的形象，

　像海裡的章魚般製造了幻覺，

讓其他的人都贊同，

他們所有的感官意識到的，

我現在設想的形象就是我本人。」

練習55
與動物和小孩的心靈感應

正如我們討論過的，低我不盡然全是陰影，它也是我們本身關於動物和小孩的一面，這恰好是大多數人已經失去連結的兩個層面。大多數人將自己的這些層面推入他們的陰影中。我老爸是我見過的最有魔法和靈力的人之一，儘管他本人從沒用過這種說法。

我爸在很多方面會讓我聯想起動物溝通者，就像他也會讓我想起男機車手一樣。他總是有能力跟很小的小孩和動物互動。這一點的確需要被看見和被充分讚賞。不管是動物和小孩跟他相處都很輕鬆自然，他們似乎都能完全了解我爸向他們傳達的訊息。他小時候就能把鴿子召集過來訓練它們。他能夠讓最憤怒的狗冷靜下來，變得友善。孩子們對他崇拜得五體投地，但不是單純因為他年紀大，留著長長的白鬍鬚，使他看起來像聖誕老人的緣故。

這曾經讓我很困惑，尤其是因為如同我說過的，我爸是個哈雷機車騎士，不過你現在正在腦裡設想的他的樣子，

大概和他實際的長相差不多。我不明白為什麼一個長得那麼嚇人的人，會有動物和小孩知道他根本不是個威脅。也就是說，直到我開始更深入研究三個魂靈之後，我才明白他與小動物和小孩之間的這種連結，是因為我爸是個完全和他的低我調和一致的人，所以他才能在非語言的層面上和他們交流。動物和幼兒的溝通方式都是非語言式的，和他們連結的最佳方式就是連結低我。

我的家人還跟我講了我嬰兒時期的故事，那時我爸會走進我房間，到嬰兒床旁邊摸摸我的額頭，然後我就會開始大笑。過一會兒，他只不過用手指著我，我就會開始變得歇斯底里。最後，我父親會在我家的另一個房間裡，隔牆指著我的方向，我就會開始大笑，而這成了他最喜歡的一個「戲法」，每當有人來我們家時，他都會表演給他們看。

從調頻開始並召請你的低我。根據你打算要交流的對象，感受你的動物本性或孩童本性。你要確認自己感到完全地放鬆和平靜。這裡的關鍵是你不但要散發出你想要傳達的能量，還要確實地把它轉移給對方。你要記住跟你一起合作的是哪一種動物，或者是幾歲的孩子。比如狗對友好的觀念可能和蛇的觀念是不同的。召喚心裡的一種感覺，如友好、愛、嬉戲或平靜。

做這練習時，在你的巫師之眼內保持一個與你想要傳達的訊息有關的影像，譬如：如果那是一隻貓，當它喵喵叫

時，保持輕輕撫摸和餵牠吃東西的影像。如果那是個小孩，或許是保持做鬼臉和大笑的影像。感受這些感覺和影像，並把它們想像成是外在的，從你的能量場分出來，被放在接收者的能量場內。嘗試使用所有其他的靈透感官實驗看看。試著用口味、氣味、觸感、影像和聲音來練習，然後傳送出去。同樣的，在這種意識狀態下，敞開心來感受你使用自己的超感官知覺所收到的一切，也許你會發現對方也正在發訊息給你。

第八章

較高自我與真實意志

較高自我（高我）是我們的神性意識。這是你自己從未與神性分離的一面。它被稱為個人的上帝（Personal God）、聖靈（Holy Spirit）、聖魂（Holy Soul）或至善精神（Holy Daemon）（Daemon 在希臘語中的意思為精神，它不是常識中的惡魔（demon）這個字）。它是貫穿我們每一世的完美、永恆且始終如一的一部分。它超越了時間和空間，完全是非線性的。它與整個宇宙是一體的，其全部的性質略微超出我們能完全理解的範圍。高我知道我們累世所有的化身，並監督我們在這些化身中的歷程。

高我通常被稱為我們的內在火花，但它最常被意識到的火花是在我們的頭頂上，而不是直接在我們身體之內。它確實是高於我們身體的。在我了解高我之前，曾經有過這樣的經驗：有個晚上我醒來，在一種半夢半醒的狀態下，我看到一個白色的發光球體在我的臉的上方幾英呎高的地方盤旋。那是一個類似哈密瓜大小、有著美麗珠光白色的球體。這個球體發出一道白色光束照在我臉上，我就是有股強烈的感覺，覺得這道光就是我自己。後來，當我了解到高我時，這對我來說更有意義。

就如先前提過的，在我們化身為凡人之前，高我正在尋找特定的人類經驗，而且它在與其他高我的互動中也要履行一個角色。高我與祖先的脈流連結，並訂立了一份契約。祖先提供一個肉身來當作物質載體，高我則提供靈魂。兩者連結起來形成了具有人格的中我。這與煉金術相似，煉金術強調三種元素：汞、硫和鹽。煉金術被嚴重誤解為是字面上的金屬冶煉技術，而不是探索靈性和轉化自

我的試驗。在煉金術中，把硫和汞這兩個被視為相反性質的元素結合，就產生了鹽這個元素[38]。在這許多層意義和這些元素的關聯中，我們也了解到硫指的是高我，汞指的是低我，而鹽指的是中我[39]。這再次闡明了高我與低我的融合創造出中我。

如先前提過的，高我希望找到學習經驗來增加它的知識以進化自己。這種知識被某些密契學家，如神智學者（Theosophists）和艾德格·凱西（Edgar Cayce）稱為阿卡莎記錄。它主要是對高我曾經有過的每一世化身的每個經驗做記憶和記錄。高我總是與阿卡莎記錄相連的，因為它是高我本身意識的一部分，而所有的阿卡莎記錄都是神聖心識（Divine Mind）和集體意識記憶的部分。就像低我會根據周圍環境的訊息，向中我傳遞它所獲得的直覺訊息一樣，高我也會將心靈性質的訊息傳遞給中我，也就是說當兩者進行交流時所得到的訊息通常是超越時空的，也是透過其他管道無法取得的。

高我的能量錨定點在頭頂——或是巫術中的智慧大釜。「詩之釜」指出當我們出生時，智慧大釜是顛倒的，那時我們既空虛又不知道自己的神性本質。我把這種狀態看作是高我的智慧，它把智慧噴濺在釜底朝上的大釜，智慧就噴到我們本身之外，而且碰不到中層的活動大鍋。當我們與高我調諧時，智慧大釜就會翻轉過來，高我的智慧將把大釜充滿，並像噴泉一樣溢出到中我的活動大釜中。

38.Dennis William Hauck，*The Complete Idiot's Guide to Alchemy*（New York, NY: AlphaBooks 出版，2008年），99-100頁。
39.Christopher Penczak，*The Three Rays: Power, Love and Wisdom in the Garden of the Gods*（Salem, NH: Copper Cauldron Publishing 出版，2010年），63頁。

鳥類的動物形象——通常是鴿子或貓頭鷹——常象徵著高我從天堂飛向地球，因為它根本不是來自這個世界，而是來自神聖宇宙，那才是它的家園。高我與上層世界相連，上層世界是神聖心識、集體無意識，以及宇宙和神聖勢能的界域所在。在世界之樹中，它是向上延伸到天空的樹枝。高我的元素是風，對應於凱爾特人的天域（the Celtic realm of Sky）。空氣、呼吸和精神的概念幾乎普遍被稱為「生命的氣息」，甚至「精神」一詞也來自拉丁語的單字 spiritus，意思即「呼吸」。同樣的，希伯來語中的精神一詞是拉奇（ruach），意思為「風」。在梵語中，普拉納（prana）一詞用來表示生命原力，它被翻譯為「呼吸」的意思。

●

真實意志：我們的神聖目的

高我所期望實現的角色和使命是它投生到地球行星的目的。這個更高的目的——高我的渴望——通常被稱為真實意志（True Will），意味著高我對這個化身的主要驅動力。神祕學家阿萊斯特‧克勞利創造了「真實意志」一詞。與你的真實意志調諧不表示生活會很輕鬆或沒有衝突，也不是每個人都會在一生中發現或實現自己的真實意志。你的真實意志不是一件要完成的事，我認為最好把它看作是一段旅程，而不是一個目的地。與你的高我調諧就像有了一個羅盤，能在旅程中給予你指引。要明瞭我們的真實意志，我們必須超越自我和中我的欲望。克勞利把自我的欲望和願望及外在

動機稱為「執著結果的欲望」（lust of results），並且指出真實意志應該是在不抗拒或不執著結果的欲望之下實現。

當我們與高我一致時，我們的生活就開始有了方向，並逐步實現我們的真實意志。真實意志是聖靈與高我之間的對話。高我透過共時性、象徵性和啟示來說話的。我們經由與高我調諧來了解我們真實意志的本質。當你與你的高我一致時，你可以表達並體驗到聖愛與神恩——或以巫術的術語來說，就是「完美的愛和完美的信任」。我們體驗到和平、和諧，以及與他人合一的深刻狀態。

心理學中與高我最接近的層次，是弗洛伊德的超我理論和榮格的集體無意識理論的合體。儘管高我不等於超我或集體無意識的本身，但它們隸屬於高我的層面，能幫助我們理解高我是什麼。超我由兩個主要的層面組成，即一個理想的自我（一種完善的自我意識）和一個良知。超我會嘗試控制本我出現與它的道德感不一致的衝動和行為；它可能會因為體現了我們的道德而引以為傲，也可能因為忽視了我們的道德而產生罪疚感。

在成為一個「好人」的這件事上，超我總是努力地成為我們自己的理想版本。雖然我並不全然認為超我的良知，或努力成為一個正直的人的完美理想版本能準確地體現高我，但我認為如果我們以「永遠企圖要展現我們的真實意志」的概念來取代「成為好人」的這些想法，並且讓我們的自我和本我與超我調諧成為一體，我們就更接近於高我天性的本質。集體無意識是我們意識的一部分，它不是由經驗形成的，而是一種普遍的先驗知識，所有的人都不知不覺地被嵌入這知識內，這可被比擬為阿卡莎記錄和神聖心識。

回到早先提過的弗洛伊德的隱喻，低我是一匹野馬，中我是正在訓練的馬，我們在柏拉圖的《斐德羅篇》（ Phaedrus ）中也能找到類似的隱喻，柏拉圖在其中提到組成魂靈的三個部分是：一個戰車手和兩匹有翅膀的馬[40]。就像我們先前的類比一樣，戰車手是中我，是我們有意識的層面，它試圖引導我們自身完全不同的兩個層面。兩匹馬的其中一匹是神馬，這與我們對高我的看法相呼應。這匹有翅膀的馬想幫助我們直接飛入眾神的居所和啟蒙之路，這是真實意志的本質。但是，第二匹馬有某部分算是地球上一匹普通的馬，因此它具有世俗的欲望和喜好，而且可能不受約束又固執，這與我們低我的概念非常吻合。當兩匹馬和戰車手不調諧時，由於他們的意志不一致，他們很難朝任何一個明確的方向前進。高我確實知道我們應該往哪裡去，但是除非我們其餘的部分也能與高我一致，否則是到不了那裡的。

•

巫術作為聖職

一個人經由與高我的調諧，能更加理解神明和高靈並與祂們產生交流，不管他是用何種形式體驗到這一點的。許多巫師也是不同神靈的祭司和女祭司，而其他巫師可能只聚焦於成為自己高我的祭司。不管祭司或女祭司侍奉的是什麼神靈，他們最主要是人類的僕人，因為

40.Plato，*Phaedrus*，R. Hackforth 主編（ Cambridge: Cambridge University Press 出版，1972年），69-77頁。

每個人都是神聖的。我說的僕人並不是指奴隸或帶有任何關於奴隸的意涵，而是指祭司的身分是一條侍奉之道。祭司或女祭司給予他人指引、領導和忠告。巫術的祭司或女祭司為尋道者開啟大門，如同那扇門也曾為他們開啟一般。祭司或女祭司為療癒保留空間，他們幫助別人時不會告訴對方該做什麼，而是為他們指出正確的方向。

巫術的祭司或女祭師不同於其他宗教和傳統的祭司和女祭司，因為他們的使命是提升他人的魂靈，而不是控制或支配他們。巫術的祭司或女祭司會賦權給他人，使他們能夠自主，並幫助他們找到自己的療癒之道及與神的連結，而不是以教條命令他們所服侍的人。事實上，大多數的祭司和女祭司並非完全贊同彼此的見解。由於巫術並沒有中央權威，這是必然發生的；每個人與魔法的關係和連結都是不同的，每個人的真實意志也都不同。小說作家特里‧普拉切特（Terry Pratchett）帶點玩笑意味地寫道：「有些人認為『巫師幫』（coven）是一群巫師的意思，字典上的確是這麼說的。但是，對一群巫師來說，它真正的意思是『一場爭辯』。」[41]如果你與規模大一點的異教徒或巫術團體互動，你一定會發現有些強烈固執己見的人在為他們的觀點和信念作爭辯。巫術的祭司或女祭司也是神靈和人類之間的一座橋樑，為至善目的而建立良好的關係和連結。

在我看來，在巫術祭司的修行之道上，一邊是一條個人權力、主權和自助的道路，另一邊是一條療癒、服務他人和賦權他人的道路，而他就在兩者之間蜿蜒而行。這意味著巫師是他自己靈性的至高權威，而不是凌駕他人靈性的權威，也無權掌管其他個人的屬靈認知。

41.TerryPrachett，*Wintersmith*（New York,NY:HarperCollins 出版，2006 年），94頁。

你可能也會在巫術中看見「大祭司」或「大女祭司」的用語，這個用語會根據每個人遵循的巫術傳統而有不同的意義。

當我在巫術神殿（the Temple of Witchcraft）中學習時，我與當時的導師克里斯托弗·彭恰克曾有一次交談。他解釋說，巫術的祭司和大祭司兩者之間最根本的區分在於，一個巫術的祭司或女祭司是為了個人與神明、權力、能量和靈魂的關係而進行儀式和發展魔法技巧的；他們最終是對自己的實相和自我負責。另一方面，大祭司或大女祭司則是承擔與他人共事的角色，為更大的整體背負一部分的責任。同樣的在傳統上，大祭司或大女祭司是指服侍其他正在大祭司或大女祭司傳統下學習和工作的祭司或女祭司。

成為一名祭司或女祭司是否意味著巫術是一種宗教？不是的。儘管有些人認為巫術是一種宗教，但它在本質上並非宗教。巫術比較像是一種靈性，或是一種與精神世界的連結，這種連結對每個巫師來說都是獨一無二的。巫術在某些情況下也可能是宗教的，這要看你怎麼解釋宗教這個詞。比如在我參與的「巫術的聖火傳統」（the Sacred Fires Tradition of Witchcraft）中，我把它的更高層次看作是一種宗教，因為祭司和女祭司都有共同的語言、理解，並在相互理解的基礎上與我們傳統的神互動，儘管我們個人在單獨一人時有個別的體驗。我們用一種特定的方式接近神和宇宙奧祕，如此當我們作為一個團隊一起工作時，便能彼此擁有默契而達成共識。由於我們共享一個共通的神學、哲學和宇宙學模式，人們可以認為這是一種宗教模式。我們也將自己看作是我們傳統的神和女神的傳道人，扮演著祂們與人類之間的中間人。

自我附體：召請高我

你可以召請高我來讓你知道這一生的使命、人生目標和真實意志，並與神和天使存有們交流。當我在生活中感到迷失而需要神的指引時，我會召請我的高我。我們也能和高我調諧，以達成我們身為一個巫師、通靈人及人類想要成長和發展的目的。當你正在處理有危險性的存有或情況，並需要更強大的權威力量時，也可以召請高我。你越了解你的高我，學會越常體現它，你就越能掌握失衡的能量和存有。由於能量會尋求與其他能量的共振，因此一個區域裡的能量會自動調整到與區域內主導或占優勢的其他能量相同的傾向。一個高振動而平衡共振的頻率若不是使低能量消散，就是會與它一起平衡。

從調頻開始。將你的意識帶到你的上層大釜。繼續保持呼吸，將注意力集中在燦爛的乳白色火焰的火花上，它在你的頭頂上折射出彩虹的所有顏色。這是你的高我，是你神聖而不可毀滅的一面。它開始傾瀉能量到你的上層大釜中，能量充滿並溢出大釜，流瀉到你的周圍和你的內在。接著吟誦以下的祈願文來加強召請高我的體驗：

「較高自我、聖潔仁人，由光與氣息組成，
神聖火花、無生靈，永不知死亡況味，

熾天使的魂靈、天使的任務，在天空中閃耀，

揚升者、開悟者、精粹原質的主人，

自由自在的上主心識，我真實意志的賦予者，

他明白，隱藏的手，就是磨坊的移動者。

我呼喚你現在降臨，成為我神聖的一部分！

我呼喚你現在降臨，從高處照亮我！」

要回到正常的中我意識，只需執行「關閉啟靈」的練習即可。

·

共時性

共時性（synchronicity）是卡爾·榮格提出的一個概念，他將其定義為一種有意義的現象，在此現象中，沒有因果關係的兩件事之間存在著一種連繫，表面上看來似乎是巧合，但其實具有重要的意義。[42] 榮格認為，宇宙透過集體無意識，一直試圖用共時性與我們交談。通靈師和巫師都知道宇宙不是隨機的，而是具有模式、循環、結構的，最重要的是具有意義的。

42.Eugene Pascal，*Jung To Live By: A Guide to the Practical Application of Jungian Principles for Everyday Life*（New York, NY: Warner Books，1992年），201頁。

舉一個我體驗到共時性的例子，那是多年前我住在加州時的事，當時我和父親一起做配管生意。有一天晚上，我和一個以貓頭鷹樣子出現的靈有一次深刻的交流。這個經驗不太真實卻又好像很逼真，以至於我懷疑自己是否做了一個遇見貓頭鷹靈的夢，或那只是我的想像創造出來的。第二天，當我們走近第一個客戶家的大門時，我注意到門墊是一隻貓頭鷹。我以為這是一個有趣的巧合。

　　然而，隨著一天行程的展開，我們去的每一間房子都有貓頭鷹雕像、門墊、風鈴、標誌或其他有貓頭鷹圖案的東西。我非常驚訝，意識到這是來自宇宙的一種暗示，表示我遇見貓頭鷹靈的經驗是真的。當我正想著家家戶戶都有一隻貓頭鷹是多麼奇怪的事時，恰好回到自己的公寓，我看到門上有一張廣告傳單，上面有個貓頭鷹的插圖。多年來，那個貓頭鷹靈一直是我最親密的靈性連繫和盟友。

　　對通靈巫師來說，要能意識到共時性，並敞開自己接收共時性的片刻是很重要的。但同樣重要的是，不要刻意為事物強加上共時性的意涵，譬如很多人認為 11 點 11 分是來自上天的訊號，也許它是。不過，我也看到很多相信這一點的人，一直在找 11 點 11 分，所以大約在上午或晚上的 11 點時，他們會開始反覆看著自己的手錶直到 11 點 11 分，然後就說它是一種訊號。與這種主動去尋找可能根本不是共時性現象的做法相比，真正共時性的發生是更自然、更出乎預料的。

真實意志的共時性冥想

在這個引導冥想中，你將與你的高我見面並接收到兩個暗號，其中一個會在你的日常生活中，透過共時性來讓你知道你是否符合自己的真實意志，另一個暗號則會讓你知道你是否與真實意志偏離得太遠。

調頻。召請你的高我。閉上你的眼睛，想像一場濃霧開始瀰漫在這區域，霧開始遮蔽你周遭的一切。接著，當霧漸漸消散，你發現自己站在一座城堡前。用一點時間好好了解城堡的樣子。它是用什麼建材蓋的？它看起來像什麼？雖然你無法完全看清城堡，但你感到城堡異常的美麗，還有種似曾相識的感覺。你知道擁有這座城堡的是個有權勢的人。

你朝著城堡的大門走過去，當你靠近它時，大門猛然打開，邀請你進門。你走進城堡裡的一個大廳，裡頭的每一面牆上都有美麗而巨大的彩色玻璃窗透出彩色的光。大廳後方舖了一條華麗的紅地毯，盡頭是一個宏偉的寶座。寶座上方有一面懸掛在空中的鏡子被絲綢覆蓋著。寶座的四周圍繞著由光組成的存有們。這些存有是你的靈性盟友和指導靈，有些可能是你早就認識的，有些則不是。

你走近寶座，坐在上面。

寶座坐起來很舒服，會發出電力驅動的低鳴聲。它載著

你慢慢地往上升。你飄升得越來越高，直到你來到懸掛在空中被絲綢蓋著的鏡子面前。當你看著鏡子時，鏡子上的絲綢就揭開來。你凝視鏡子，看到自己的倒影，但是你看到的不是自己熟悉的臉，而是看到你的高我的形象在鏡中的倒影。花一點時間看看你的高我在此時是如何對你呈現它自己的。

你請求你高我的倒影給你一個暗號，在你與自己真實意志的道路一致時向你展現。鏡子上的倒影動了動又變一變，並向你顯示一個暗號。那是什麼？這是你的高我將透過你日常生活中的共時性事件與你交流，表示你正走在正確的道路上的暗號。

你向你的高我道謝，並要求它給你另一個暗號來表示你已經偏離了自己的真實意志。鏡子動一動、變一變，向你顯示另一個暗號。花一點時間觀察這個暗號。這是一個警告訊號，代表你的高我將透過日常生活的共時性事件向你表示你正在偏離自己的真實意志。感謝你的高我給你這個暗號。當你這樣做時，絲綢將蓋住鏡子，你發現自己坐上寶座回到地面。

你站起來，順著華麗的紅地毯走出城堡的門外。霧又開始在你的周圍打轉，使視線內的一切變得模糊，你發現自己回到了你開始冥想的地方。張開眼睛，把你的體驗寫在日記裡。

把障礙轉化為真實意志的咒術

在這個咒術中，我們使用的是同感魔法（有時也稱為模仿魔法）。同感魔法是指你利用被施咒的物品來隱喻性地象徵其他事物。同感魔法是最古老的實作魔法之一，有人認為早期人類就有使用過它的例子，亦即在洞穴牆壁上畫出成功狩獵的圖像，以確保能大量捕獲獵物。

你只需要一個小碗、一個小茶燭和大約四個冰塊來進行這個咒術。在這咒術中，我們用冰塊來代表你生命中攔阻你與真實意志調諧的障礙。茶燭代表你，光代表你的高我的介入，它不只會移除障礙和阻滯，還可以轉化能量來幫助你與自己的道路整合一致。根據赫密斯的振動原理（the Hermetic Principle of Vibration），所有能量都能被轉化，亦即所有能量都有被改變的潛力和能力。

進行調頻。召請你的高我。將茶燭放在碗的中央，四個冰塊放在碗裡包圍著茶燭。

把注意力集中在由高我而來的、環繞著你的神聖之光。堅定地說：

> 「用我高我的力量，我點燃這支蠟燭。」

點燃蠟燭，感覺到你的高我將強烈的光芒注入火焰。

感受你高我的神聖權威，捧起裝著茶燭和冰塊的碗，堅定地說：

「當光融化冰塊時，魔法就會開始，

轉化我內在與外在的阻礙，

幫助我提升直到現在，

達成我神聖真實意志的展現。」

隨著冰塊融化，茶燭應會上升並且升得越來越高，直到它被先前所有的障礙物支撐著。冰塊融化後，取下茶燭並把它丟棄。把水倒在土裡，如此土壤便可以從中獲得養分，並進一步分解和轉化這些障礙物。

練習59

與宇宙合一

此冥想將使你與宇宙中的一切連結得更緊密，並幫助你學會識別和連繫它，以協助你增強自己的靈性力量。當你明瞭你與每個人、每件事都共享一個共同的層面時，這將使你的靈性力量更容易流動。當你了解到自己與其他所有事物相互連結，以及你有能力像改變自己的身體般地改變它時，將幫助你施展你的魔法。把此練習當作是一種協助你增強靈性肌肉，使它更強大、更有效的鍛煉法。

調頻。召請你的高我。閉上雙眼，把注意力集中在你頭頂上方燦爛的白光上，它正高高地照耀著你的身體。專注在你高我的氣場之光的範圍內所有的一切。你的高我是本源的一部分。你的一切：你的身體、你的情緒和你的思想，也是這本源的一部分。花一點時間向本源的神聖之愛敞開心扉，那是一種對於存在的無條件的愛，一種僅是給予存在而不帶批判的愛。在心裡想著：「這就是我，我就是那——充滿力量的、神聖的，與愛合一的人。」

感受神聖的愛增強了高我在高處發光的光量。光變得越來越亮，覆蓋了你身體周圍之外五英呎（約 150 公分）的範圍。重複這個在心裡接受光所觸及的一切存在的過程，並對自己重複說：「這就是我，我就是那——充滿力量的、神聖的，與愛合一的人。」繼續重複此過程，在吟誦肯定語的同時，將你的光擴展到四周越來越大的範圍。持續擴展這光，直到它照亮了你的整個空間、你的國家、你的洲、地球、行星、太陽系、銀河系、宇宙等你能想像到的地方。當它達到你能觸及的最遠距離時，感覺光回到了它正常的發光狀態圍繞著你。當你準備好時，張開眼睛。

第九章

巫師魂靈的火焰

為什麼結合三個魂靈一起工作對通靈或魔法能力很重要呢？因為透過三個魂靈模式的運作，我們得以從不同的角度來觀察實相。把它想像成有一副低我用的顯微鏡、一副高我用的望遠鏡，以及一副中我用的眼鏡。藉著與每個魂靈的合作，我們獲得不同的有利位置來解讀我們得到的通靈資訊。同樣的，它也提供了我們不同層次的實相，讓我們在一個魔法的背景中運作和操縱。如果我們只透過一組鏡頭（譬如眼鏡）來觀察，我們就看不到微觀層面上發生的事，也無法像用望遠鏡那樣，能在宏觀層面上看見超出我們視力範圍的事。相同道理，我們可以在不同的時期和實踐中，為特定的目的而與我們魂靈的不同部分合作。

然而，有時我們需要它們調和一致，這樣我們就可以從一個與我們的神聖力量完全相契的地方來操作，而同時在幾個層次上起作用。大多數人和自己的三個魂靈是不調諧的。作為巫師，與三個魂靈調諧能使自我與我們本身的所有部分完全契合。當我們所有的部分在一致的狀態時，我們會有意識地覺察到我們的多次元實相，與所有三個界域及它們具有的能量保持同調。它使我們能夠打破實相幻覺的障礙，了解多次元實相的本來面目，並看見置身其中的存有。它增強了我們揭開各個世界之間的面紗和窺探它們的能力。

魂靈的三位一體

　　我喜歡用兩個流行文化的譬喻來解釋魂靈的調諧。第一個是天才靈媒及女巫丹妮爾‧狄昂（Danielle Dionne）提出的，她將魂靈調諧比作二十世紀 90 年代在尼可兒童頻道（Nickelodeon）播出的遊戲節目《神祕的古廟》（*Legends of the Hidden Temple*）。孩子們在節目中會參加以民間傳說和神話為主題的體能和智力競賽，其中有一個叫做「銀猴神龕」（Shrine of the Silver Monkey）的挑戰，基本上他們會遇到一個破碎的猴神神像，那些碎裂的部分有頭部、軀幹和下半身。他們必須按正確的順序組裝猴神神像，才能啟動它並繼續前進。首先，他們必須將神像下半身的底座放在神龕上，然後把軀幹對準底座後裝上，接著對準頭部並裝上。這是有關魂靈調諧及其過程的一個很好的例子——在你啟動了「巫師之火」後，就進入了把低我、中我和高我對準成為整體一致的過程。

　　我喜歡使用的第二個流行文化的譬喻甚至更蠢，那是我小時候喜歡的電視影集《金剛戰士》（*Mighty Morphin Power Rangers*）。劇中的每個超能戰士（Power Ranger）都各自有自己駕馭的戰鬥恐龍（Zords）。在每一集的最後一場戰鬥中，所有戰鬥恐龍會結合起來變成大獸神（Megazord），這是由所有單獨的機器人組合成的大型機器人。我特別喜歡這個例子，因為每一個戰鬥恐龍都有自己個別的功能，但也可以聯合起來成為一個功能更強大的合體機器人。同時期但更早出現的動畫片《聖戰士》（*Voltron*）也有類似的概念，

其中的五獅機器人合體成為一個叫做聖戰士的巨型機器人。

我們的三個魂靈的調諧將使它們的能量同步為齊一的脈流。讓我們回想一下雙耳節拍的概念。如果我們以頻率的概念來思考這一切，我們有的不是兩個頻率而是三個頻率。三個魂靈在創造看似嶄新的東西，或更確切地說，它們的調諧正展現出一些新的東西。

·

巫師之火

當我們的三個魂靈調諧時，會發生一種稱為巫師之火的現象。巫師之火是三個魂靈的能量萬靈丹，使它們能作為一股統合的能量來發揮作用。當我們對準三個魂靈時，我們就會進入我們的神性和全部潛能。巫師之火的體驗通常像神的愛一般，是一種充滿靈知、力量和聖愛的狂喜狀態。神的愛（agape）是對全人類的無條件的愛，被視為一種神聖的品質。它承認所有人的內心都存在神性，並常常透過自願侍奉（無論是透過語言、行為或魔法）希望所有的人都幸福。

正如我們已探討過的，巫師是他們自己魂靈的祭司和女祭司，因此，當他們與自己的真實意志調和一致時，他們也是自己生命的權威。神祕學家內瑪（Nema）寫道：「『聖職』（Priesthood）是一個魂靈被愛點燃的一種狀態。它是需要擔負某種程度靈性責任的一種生活方式，一種將行動和非行動聚焦於宇宙啟蒙的生活方式。」[43] 克勞利的《律法之書》（*the Book of the Law*）裡有一句名言說：「愛

即是律法，愛在意志之下。」[44]泰勒瑪主義者（Thelemites）認為這句話裡的愛是指神的愛，而意志是指泰勒瑪（即真實意志）。

巫師之火也被稱為巫師火焰（Witch Flame）、三重火焰（Threefold Flame），有時甚至被稱為聖靈之火（Fire of the Holy Spirit）。巫師之火被認為是電藍色的，它的連貫性使它看起來有點像火，又有點像電，同時它的活動方式是流體狀的。它瀰漫在巫師的本身及其周圍。巫師之火即創造力量的本身；它是你用虔敬的態度過生活的一種樣貌，聖靈意志（Spirit's Will）的力量貫穿你，讓你透過魔法共同創造實相。我想在此再次強調共同創造的本質，而不是支配或濫用這種力量。我們尋求的是相互平等的共有力量，而不是凌駕他人的統治力量。那些以這力量凌駕他人的人已知會得到嚴重的惡果。因此，在擁抱這種力量之前，一定要確保你的動機是純正的。據說當我們的魂靈調諧，巫師之火也被啟動時，我們就進入我們身為神與女神之子的神聖狀態。巫師之火會把巫師的力量與創造本身的力量調諧為一體。

43.Nema，*The Priesthood: Parameters And Responsibilities*（Cincinnati, OH: BackMoon Publishing 出版，2008年），1頁。

44.Aleister Crowley，*The Book of The Law*（San Francisco, CA: Weiser 出版，1976年），9頁。

魂靈調諧與巫師之火

從調頻開始。在吸氣與吐氣時注意你的氣息，特別將注意力放在每次的吸氣和吐氣之間的停頓。觀想你的思想和你的自我意識化為中我的琥珀色火焰在你的心輪上，亦即你的中層大釜。把你的意識帶到這裡，隨著每一次呼吸，火焰變得更大、更穩定。保持專注，直到火焰漸漸擴大，慢慢地充滿並包圍你的身體。

召請你的低我，把注意力轉移到你的下層大釜，在你肚臍下面的一個點上，聚焦在低我的紅寶石色的火焰上，它代表你所有的原始欲望、情感和陰影。火焰隨著每一次的呼吸擴展並穩定下來，慢慢地充滿並包圍著你的身體，琥珀色的火焰轉變成紅寶石色的火焰。

召請你的高我，繼續呼吸，把你的注意力集中在燦爛的乳白色火焰的一個火花上，它在你的頭頂上折射出彩虹的所有顏色。這是你的高我，是你神聖不可毀滅的一面。

當你呼吸時，這白色火焰開始傾注你頭部的上層大釜，並開始滿溢出來。溢出的高我能量開始將這白色火焰傾瀉到你的身上和你的四周，就像一個發光的液態火焰，將紅寶石色的火焰轉化為電藍色的火焰。這是你的巫師之火，你內在的三個部分此刻正結合為一體。

花一些時間，感受巫師之火的力量滲透到你身體的每個細胞中，穿透你的血管，慢慢地在你周圍燃燒，形成一圈神聖的光環。接著肯定地吟誦：

「神性、自我和欲望，

三個部分合為一體。

現在借助巫師之火的力量，

我與遠古的祕術相契。

三位一體、一體三分，

我就是它們，它們就是我。」

要回到正常的中我意識，只要執行「關閉啟靈」的練習即可。

練習61
基本的徒手治療法

巫師之火也是調和之力：使你的高我、低我和中我共融一體的力量。它帶來平衡，有助於調諧你在不同層次的存在，包括你在情緒、智力、身體和心靈方面的健康。因此，我們也可以用它來幫助別人達到平衡，協助他們的治癒。你不需要為此目的把自己調整到任何諸如靈氣（Reiki）之類的

能量療癒系統。只要透過魂靈調諧，你就已經和古代巫師力量的頻率契合了。

在這個練習中，你要確保自己不會太用力地碰觸對方；你要讓自己的觸感變得柔軟溫和。你按壓的次數越多，能量傳遞的流動就越弱。你還需要確認你的手腕或手上沒有佩戴任何電子產品或珠寶，例如戒指、手鐲或手錶等，因為它們可能會吸收部分的能量或將它們的能量與你要傳送的能量混合，而改變了你要傳送的能量的頻率。我們希望能單靠巫師之火的力量來作為一種基本的治療方法。

讓接受你進行能量療癒的人盡可能地放鬆，以確保他們更容易收到能量，這樣是很有幫助的，而不是無意識地用懷疑、擔心或壓力阻礙能量的流動。同樣的，在執行這個療癒技巧時，你應該已經在一種放鬆和調和的狀態，因為你應該已先做好自身的調頻和調諧了。

從調頻開始。做一次魂靈調諧。聚焦在你的巫師之火環繞著你、並且貫穿你的感覺上。記住「調頻」組合裡的「建立一個迴路」的練習（練習 15），能量流是從你的上下兩方而來。你要確保在療癒他人時，永遠不會使用到自己個人的儲備能量，而是使用在你的身體和能量場中循環的天體能量和地球能量。把天體和地球的能量想成是你巫師之火的燃料來源，以確保你在此過程中不會使自己能量耗竭。設定你的

意念，使你的高我和對方的高我、你的低我和對方的低我、你的中我和對方的中我都將在這過程中共同合作。

　　喚醒你雙手的能量中心（練習 30），把你的手輕輕放在對方身上。想想他們正在經歷的痛苦、不適或疾病。開始做「太陽式呼吸」，把它想像成一個風箱，為你的巫師之火添加氧氣。感覺能量從你的手流向你正在治療的人。看著藍色的火焰穿過你的身體，進入這個人的身體和能量場。把你的思想和感覺集中在健康、療癒和平衡的念頭上。在保持這個能量管道流通的同時，讓你的呼吸恢復到正常狀態。與你正在療癒的對方調為同頻率，信任這過程，知道你的高我正在指引你要傳遞多少能量，以及何時該停止傳遞。

　　當你完成後，請對方喝一杯水，如果他們感到精神不濟或頭暈，引導他們將多餘的能量接地。

第十章

各個世界之間

在我們進入創造神聖空間的主題之前，我想先探討和它有關的概念，目的是藉由有意識地理解它背後的一些原理，讓你能在意識層面上更有效地召喚它。在施展魔法時，神聖空間是一個至關重要的元素。在創造神聖空間的過程中，我們會清除乙太能量，並為空間裡頭要升起的能量創造一個乙太容器。運作乙太能量是使能量跨越實相的物質層面的第一步。由於乙太層與物質緊密地相連在一起，因此我們可以利用身體和心智的能量對這層面產生作用。換句話說，我們可以做一些背後帶有正念的身體動作來影響乙太層。

神聖空間具有許多功能。當我們創造神聖空間時，我們正在清理所有違背我們意圖的物質和能量的影響力，並創造一個免受其影響的空間。在神聖空間裡，我們承認這個區域有一種神聖性和內在神性，並在實相中創造了一個超越時間和空間的小陣地。就在神聖空間的這裡，我們在這小陣地中造出一個容器，用來填充我們正在升起的能量，那是一股將所有層次的實相融合成一體的獨特能量。

神聖空間不僅是一個外在場域，也是一個內在場域。身體和心智層面用來創造、形塑和操縱乙太體。我們可以從乙太層來為其他層次的能量（例如星體能量）創造一個容器。我們內在的神聖空間是一個靜謐與空寂之境，我們可在裡頭施作魔法，就如在外在的神聖空間所做的一樣。它是一個承認我們的內在神性的場域，因此也是我們有無限潛能的場域。當我們在神聖空間裡，我們正在演出一場我們渴望創造的神話。這就是創造神話中經常以「太初之時……」作為引述的實相狀態。

當我們布畫我們的神聖空間時，我們正在創造一個不是經由調諧而產生的時間和空間。我們接受「在上如此，在下亦然」的赫密斯公理，這意味著我們認知並接納發生在宏觀世界的事會影響發生在微觀世界的事。宏觀意指更大的宇宙，微觀意指更小的宇宙，例如外太空是宏觀世界，我們的世界是微觀世界。對我們身體的微觀世界而言，我們的世界是一個宏觀世界。對於我們的細胞和DNA的微觀世界而言，我們的身體是宏觀世界。實相的所有層次都是相連的，一個層次上的起因會影響另一個層次。

•

蝴蝶效應

這種連繫與蝴蝶效應（butterfly effect）的概念有關，蝴蝶效應是由數學家，也是混沌理論的先驅者愛德華·洛倫茲（Edward Lorenz）創造出來的。蝴蝶效應背後的想法是，微小的原因可能產生更重大的結果。他用來解釋這個隱喻的例子是，世界上最微小的蝴蝶在某地搧動翅膀使風移動，風的移動經過一連串的因果作用，最後在世界的另一頭引發龍捲風。在此概念中，一個微小的變化就可以導致更大範圍裡的巨大變化。

同樣的，我們內在世界的一切會影響我們周遭的世界，而我們周遭的世界也會影響我們的內在世界。有了這個概念就知道世界上沒有什麼事是和世界分離的，我們的內在世界和外在世界是錯綜複雜地相連的。這包含了「在上如此，在下亦然」公理的下半部，亦

即「內在如此，外在如是」。造成赫密斯的概念和公理普及化的《卡巴萊恩》指出，物質宇宙的本質是由發自萬有（the All）或本源的宇宙心識（the Universal Mind）之思想構成的。此概念闡明我們人類具有思考、召喚、保留和控制思想的能力，因此也能夠影響和創造實相，這就是我們所說的魔法。

我們知道，當我們把從衛星上看到的外太空圖像縮小時，宇宙傾向於以螺旋和軌道系統（例如太陽系）來運行。我們還知道當我們用高倍率的顯微鏡深入觀察原子活動時，原子會在軌道系統中活動，例如電子繞著原子核旋轉。在上如此，在下亦然。這意味著宇宙是碎形的。碎形是指一個較大的影像可以被分解成較小的碎片，但這些碎片中仍然包含著整個影像的的藍圖和模型。一個單細胞內的 DNA 中包含了該細胞的所有訊息。

·

全息實相

當我們把「宇宙是精神性的」和「宇宙心識中的思想」的概念連結在一起時，我們就會得到宇宙是全息的概念。全息圖也是碎形的，每個碎形都包含更大的影像。碎形宇宙學（fractal cosmology）似乎與這個觀點一致。碎形宇宙學是物理學家提出的一種理論，認為宇宙本質上是碎形的，有時人們認為宇宙是透過這種碎形的性質而自我生成的。在此要記住的核心概念是，每個物質粒子都包含來自大爆炸（Big Bang）時的整個宇宙的藍圖。這強烈暗示著整個宇宙的資訊都存在我們之內。

有關全息圖的不同處，簡單來講就在於全息圖的三次元幻覺是由光形成的，它所投影的影像不是局部的。我們大腦的運作原理也類似這樣。所有我們看到的影像、聽到的聲音，以及其他感官獲得的資訊，最初都來自我們大腦之外的某個地方。然而，大腦會接收並處理這些外來資訊，使我們能夠感知世界。大腦也會受欺騙而感知到不存在的東西，猶如它們真的存在那般，這一點已在幻覺和催眠暗示中得到證明。這表示實相的根據大多是來自主觀的感知，而不是客觀的具體事實。

許多哲學家和神學家都在爭論兩個問題：即實相是否是一個夢？以及我們究竟是造夢者或是受夢者？在赫密斯哲學中的答案是兩者皆是。我們是宇宙無垠心識的夢和思想，既然我們是無垠心識的縮影，我們也是造夢者。如果我們能把注意力集中在心智的內在微觀空間和物質實相的外在宏觀空間上，我們就能創造出深度的神聖空間。

•

魔法圈

巫師界最常見的神聖空間形式是魔法圈。圓圈是兼具無限和有限的象徵，它是萬有，也是虛無。它是吞食自己尾巴的銜尾蛇（Ouroboros），象徵著創造與毀滅、生與死的無盡循環，也象徵無始無終的宇宙。

魔法圈有四個主要的用途：保護、約束、中介和悖論。雖然大多數巫師都會布畫魔法圈，但需要注意的是，並非所有巫師都是如此。有些巫師做每件事都要布陣，有些巫師只有在他們覺得合適時才這樣做。雖然這是根據個人的判斷來做的選擇，但我覺得凡是開始運作魔法的人，每次都布設魔法圈能得到良好的效果。

建立魔法圈的目的是為了在你本身和你周遭其他事物之間設立一道屏障。這個想法有點像建造一個力場，沒有你明確的邀請，任何能量或存有都無法進入這個力場中。有些魔法師會把魔法圈視為他們自己氣場的延伸，此種擴展氣場的行為使得唯有你允許的東西才能進入你個人的能量場，其餘一切都必須被阻擋在外。

魔法圈可作為能量的容器，用來儲存你正在升起及呼喚到神聖空間裡的所有能量，然後再透過你的意願和意念把能量交融在一起來產生咒術本身。我最喜歡的比喻是汽鍋的概念：你在鍋裡加入不同的成分，它們融合後就創造出完全不同的東西。你也可以把它想成是現代版的慢燉鍋（Crockpot），你加入適量的不同食材一起烹煮，它們混合後創造出一道特定的菜餚，這道菜餚在把每樣食材加入和加熱之前是不存在的。

「非此非彼」是一個傳統的巫術用語，用來形容巫師在其中操作能量時的中介狀態。魔法圈是中介空間的創造。中介是既不在這裡，也不在那裡，既不是此時，也不是彼時的臨界。對於巫師來說，中介是一種具有純粹潛力的狀態。這是原始能量匯集的交會點。這就是為什麼某些地方就巫術來說是力量強大的，例如兩條路匯合但又不完全整併為一條路的交叉口，或海洋滲流入陸地的

海岸。像午夜這樣的時間本質上就是中介的；午夜又叫做「巫術時間」(witching hour)，被視為是創造魔法的有利時機。在中介空間裡，你不必決定要待在這個世界或另個世界。你同時處於兩者之中，但也不在任一者之內。

我經常把布畫魔法圈看作是 C.S. 路易士 (C.S. Lewis) 所寫的《魔術師的外甥》(*The Magician's Nephew*) 故事裡的「界中林」，這是《納尼亞傳奇》(The Chronicles of Narnia) 中的第一個故事。當我很小的時候，這是我最喜歡的系列叢書之一，儘管這故事蘊含濃烈的基督教主題，但也包括很多魔法和異教徒的影響。故事裡的「界中林」是個靜謐與永恆之境。它本身不是一個世界，但它自成一個天地。「界中林」不僅是一個不存在的地方，也是一個永恆的時間。在「界中林」內，時間是不存在的，只有「當下」這個永恆的時刻，在它之外的世界，歲月可能會流逝。我一直覺得有趣的是，劇中人物要進入這個地方必須使用魔戒，也就是魔法圈。

魔法圈有一個悖論的本質。悖論是指一個概念具有自相矛盾的性質，但當我們深思後，會發現它具有比表面上更大的意義。就像「銜尾蛇」一樣，圓形也是我們虛無的象徵，是數字零。零既是無，也是有。零在本質上是無窮的，卻又是有限的。當我們創造神聖空間時，我們是在聖化空間，這意味著我們把空間騰出來，使它成為純潔的或神聖的。對巫術而言，世界上沒有不神聖的東西，但是我們仍然騰出一個地方作為神聖空間，利用此做法來讓空間神聖化，不過如果一切都已經是神聖的，這麼做似乎是自相矛盾的。

在象徵無窮大的魔法圈內，包含著一個被分隔的空間。在這圓圈中，我們承認自己是無限實相的一部分，並且無法將自己與之分離。當我們布下一個魔法圈時，我們就是在劃分自己和自己的空間，使它從時間和空間隔開，並創造一個能量容器。我們利用重新創設無邊無際來建立穩固的界限。我們以永恆無垠包圍自己來保護我們自己和我們的魔法運作。

悖論是巫術奧祕的核心。我相信悖論是允許巫師創造魔法的條件。藉由創造一個悖論，我們實質上是以打破規則來超載對實相的處理進程。在某種程度上，我們就像把扳手扔進齒輪那般塔住了系統，接著我們便能在裡頭輸入自己的密碼，當我們完成時，系統及它的實相進程將會重新開始。在布畫魔法圈時，經常使用的短語是「空間外的空間」和「時間外的時間」。這意味著它是一個非空間的空間，並包含一個非時間的時間。透過創造這樣的東西，我們實質上是以設置魔法圈來破解實相的本質。

當我們利用設置魔法圈來創造神聖空間時，我們就將自己的能量集中在更深的層次上。如前面提過的，以你自己為中心與布畫魔法圈之間的主要區別在於，你不僅集中了你的內在意識和能量，你現在也正在創造一個擴展意識的能量矩陣來運作。你會發現，魔法圈不只是一個二次元的圓面，而是一個三次元的球體，是一個與氣場類似的實相泡泡。

銜尾蛇

用光繪圖

　　用光對著空中繪圖，是布畫魔法圈的重要部分，它會把暗黑感知的體驗變成一個靈視的體驗。這也是使用召請和驅逐五角星的一個重要層面，我們將在稍後討論。一旦你掌握了在空中用光繪圖的能力，你也可以將它運用在其他的情境，因為它的用途不止這些。你可以把你的名字寫在你所在地方的四個方位，為你個人的能量空間做記號。你也可以利用這個做法，在空中畫出代表力量的符咒和符號來傳導它們的影響力。

　　調頻。開始使用「元素呼吸」，但我們將多加入幾個步驟。一旦你的呼吸有了穩定的節奏，就開始在吸氣時吸入能量，想像能量從腳底到頭頂貫穿你全身。吐氣之前先屏氣，同時觀想能量在你身體的周圍盤旋上升。吐氣時，把能量從你的頭頂一直引導到腳底。再次吸氣之前請屏氣，同時看著能量在你身體周圍盤旋下降。按照正常的節奏在心裡吟誦「地、風、火、水」，當你感覺到自己已經聚合了足夠的能量時，就回到正常的呼吸節奏。

　　執行「防護盾」的練習。完成後，開始用你的投射手（你用來寫字的手）的食指來引導你已經用手指聚集起來的能量。張開眼睛使用你的觀想技巧，心裡懷抱強烈的意願，在

你的面前畫出一道一英吋大小，由電藍光和白光組成的環形光圈。它類似於你在黑暗中拿著一隻螢光棒快速揮動而留下的一道彩光痕跡。但是，你要維持注意力的聚焦並繼續觀想殘餘的光痕。

移動你的另一隻手（接收手），好像它是一支吸塵器般，凸出到在你面前的環形光圈，它把光吸回到你的能量場中，眼睛繼續保持張開。然後閉上眼睛做一遍這個練習，接著再以睜眼和閉眼輪流的方式，多做這練習幾次。當你覺得自己已經真正熟練後，就可以進行布畫魔法圈了。

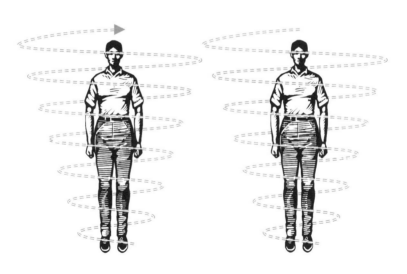

盤旋在你四周的能量

布畫與解開魔法圈

調頻。做一次魂靈調諧。站著面向北方。把你的投射手臂向外伸展，手指往外指。就像上一個練習一樣，開始用藍色的巫師之火對著空中繪圖。根據你所在空間的大小，在走動或轉身繪圖的同時大聲說出：

「我布下這個魔法圈，創造了一個空間外的空間和一個時間外的時間。」

繼續用手指對著空中畫出一個包圍你的藍色能量的魔法圈，直到最後回到面向北方的位置。繼續畫另一個圈，並且說：

「我布下這個魔法圈，阻擋任何非我盟友的能量和靈魂。」

再次面向北方時，進行最後一次畫圈，然後說：

「我布下這個魔法圈，把所有在此升起的能量限制在圈內。」

面向北方，把手往上舉，手掌朝上向著天空。當你這樣做時，看見魔法圈在你上方擴展成一個圓頂。大聲說：

「在上如此！」

把你手掌面朝下，開始把手放下，把魔法圈往下推，在你下方形成一個圓頂。大聲說：

「在下亦然！魔法圈封印！」

腳用力地跺地面或是拍拍手，以堅定自己布設魔法圈的意志力。

完成魔法後，你會需要解開魔法圈。請把你的接收手向外伸出，從北方開始逆時針移動，用你的手把光的魔法圈推開，就好像你要打開一幅圍繞著你的厚重簾幕那樣，同時觀想它被收入你的手掌。魔法圈現在解開了。感受你的魔法能量全都衝進宇宙開始顯化。

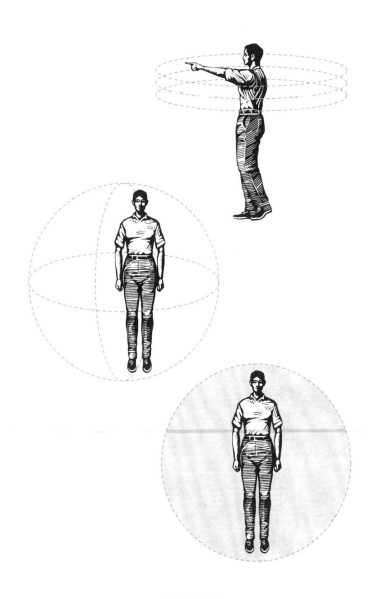

布畫魔法圈

第十一章

元素的勢能

我們利用引入元素勢能的能量來增強用來施作魔法的神聖空間，幫助我們創造一個超越時間和空間的區域。元素動力是創造的能量構件，所以巫師是經由神聖空間內的入口來召喚這些元素勢能的。如果我們把神聖空間看作是能量的容器，那麼元素入口的功用就是維繫和賦予這個空間力量，並把構成宇宙的原始能量引進。

然而，由這些入口進來的元素能量，對於我們正試圖創造的空間來說可能太強烈或太溫和。巫師會呼喚每個元素勢能的守護靈來避開這個問題。每個元素的守護靈都被認為是該類型能量的主人，因此被召喚來管控引進的元素能量流，使它足以滿足我們正在進行的工作。元素守護靈同時也是這個入口的守護靈，確保只有原始元素的能量進入空間。

在巫術中通常會遇到的第一個概念是四大元素加上第五元素的概念。我常發現那些探討四大元素真正核心的書籍，並沒有提供很透徹的資料給初學者。四大元素是土、風、火和水，第五元素是靈。儘管在古印度和古埃及神學中也使用了類似這五個元素的概念，但這些元素的命名是由古希臘哲學家和煉金術士定義的。後來，中世紀的煉金術士把這四大元素進一步細分為硫、汞、鉛、磷等元素，擴大了這四個元素的範圍。煉金術是化學的先驅，元素週期表便是由此誕生的。

更重要的是要了解這些元素的名稱是象徵性和隱喻性的。它們不是實際上的土、風、火或水——也不是主宰這些事物的靈魂。它

們是不同類型能量的名稱。元素週期表進一步定義和表達了這四種元素的隱喻，並探究了這些概念的純化學成分。隱喻變成了字面上的意思，於是導致現代關於元素的諸多混淆觀念。

•

元素的構件

元素一詞意味著構成宇宙萬物並存在於宇宙萬物之中的構件。因此，如果你撿起一團泥土，那不是純粹的土，而是包含了四大元素的泥土。水、風和火也是如此。古代人用這四個名稱來表示構成萬物的能量性質，因為能量的作用和活動方式，與它們的物質對應物在能量上非常相似。

猶如稍早提過的，我們人類沒有一種確切的方式來描述我們所感知的能量，因為我們在這方面的詞彙還沒有完善的發展。透過赫密斯公理「在上如此，在下亦然」的觀念，我們可以藉著觀察使用五種感官所能體驗到的作用力，來了解看不見的勢能是如何運作的。因此，藉由指出元素的隱喻對應物，我們可以更容易理解它的本質和特性，並與他人進行關於它的描述和討論，讓他們知道我們在說什麼。

一個人除非能從心靈層面來體驗元素，否則很難理解元素名稱的象徵性意義。比方水元素是一種相對較輕和較冷的能量，本質上是非常濕潤且有流體感的，傾向具有流動的性質。它通常被認為是一種涼爽的溫度。因此，水是水元素的極佳隱喻。土元素是一種非

常緩慢而穩定的能量。在溫度方面，它被認為是涼爽的；是乾燥且非常稠密的。另一方面，火元素是持續波動、不穩定和快速移動的較輕能量。它被認為是高溫且乾燥的，通常給人一點刺痛的感覺。風元素是一種更快的能量，被認為是溫暖、潮濕的，並具有流動性質的能量，類似於一陣穩定的風。

我們可以簡略地稱水元素是「濕冷能量」、土元素是「乾冷能量」、火元素是「乾熱能量」、風元素是「濕熱能量」。不過，這種說法不過是個順口溜，不能完全表達能量的要素和內在本質是什麼，而只是描述了人們體驗到的元素的作用和感受。另外，使用順口溜的問題在於水元素的「涼爽」和土元素的「涼爽」是不同的，它們體驗起來也不同。風元素的穩定和土元素的穩定也是兩種截然不同的感覺。這就是為什麼使用元素可以更容易解說這些能量的原因。此外，有了對這些能量類型的譬喻用語，我們就有一種更容易識別和召喚它們、以及與它們互動的方式。利用象徵手法，我們正在有意識地運用潛意識和集體無意識的共通語言。

•

第五元素

靈元素——即第五元素的本身有點悖論的性質，它也是碎形的。靈元素是構成四大元素的最精微元素，但它裡頭也含有這四個元素。每個元素都包含靈元素，四大元素中的每一個都被包藏在靈元素之內，並呈現完美的平衡狀態。這就是元素的精粹，它是將萬

物結合在一起的典型原始能量，是涵容萬物的東西，也是由萬物所組成的東西。因此，靈元素就像魔法圈或銜尾蛇一般，通常以悖論的迴圈來作為象徵。

這些元素也具有與物質存在狀態相對應的性質。水元素有情感的性質。土元素有不斷成長的性質，是振動頻率最慢的元素，也是最堅固或形體最明確的。風元素具有精神和心智的性質。火元素有生動活潑的性質，最常被比喻為內在的神聖火花。元素系統給了我們用來分類能量的最佳方法，因為能量構成萬物，它就是實相的構件。因此，如果我們要在我們的魔法圈內重現一個創造神話，我們接下來要做的，就是要有一個以這些魔法能量構件組成的調色盤以供使用。

由於元素即是實相最基本的能量成分，因此它也傾向於成為各種概念、美德、挑戰和屬性的通用分類系統。它往往是巫師使用的主要對應系統之一。就基本的定義來說，對應是指某物與某個特定的原型能量特徵（如某個元素或行星）明顯具有強烈的能量共振。我們很快將更詳細地探討對應關係和行星，但現階段我們所知的已足以說明，某些事物內儘管包含了所有能量的元素構件，但它們似乎對其中某一個元素比其他元素有更強的能量共振。這不只出現在有形的物質或物質的作用力上，也出現在更抽象的概念、存在狀態和經驗中。每個元素也對應於三個世界的其中之一。當我們探索或談論元素時，儘量少從字面上思考，多從象徵意義方面來思考，這將幫助你解開元素勢能的奧祕。

土元素符號

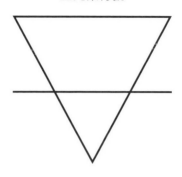

·

土元素

　　土元素是形式、穩定、靜止和生長的能量。它與有形的物質密切相關，是四種元素能量中振動頻率最慢和最密集的。就像土的名稱一般，土元素的整體特性是紮根、穩固、豐盛、力量、生長、結構、誕生和細節。它是一種結構、形成、幾何形狀和結晶的能量。

　　土元素與「墳墓和子宮」之謎，即創造與回歸的奧祕相關。透過土壤的象徵可以理解這一點。植物在土壤中生長，盡情享受大地的滋育，吸收其養分。動物、人類和昆蟲都吃這些植物。然而，生長在土地上的所有東西（包括我們在內）最終都將經過分解而滅盡，然後回歸大地，直到循環重新開始。我們知道在我們之內的土元素，就是我們的肉身和身體健康。我們透過成長、鍛煉、身體和財務的安全、結構、組織和落實的性質來連結土元素。土元素提供物質體驗的能力，它與觸覺和靈觸力的體驗（清晰的感覺）有關。

土元素以固態來展現它作為一種物質的狀態，它以緩慢振動的分子形成結晶體。它通常與北方方位相關。與土元素相關的智慧類型被稱為侏儒，它們被想像成是矮小而粗壯的類人生物，與園藝和栽種植物，以及從地球內挖掘和開採珍貴的礦物和寶石有關。土元素的符號是一個倒三角形，表示它是帶有負電荷的被動能量，有一條穿過三角形的線，表示它是一種創生的勢能。

水元素符號

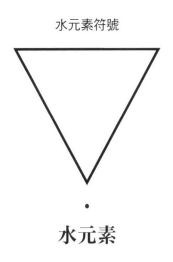

水元素

　　水元素是表達、反應、合成和磁性的元素。它與情緒性和直覺性的事物密切相關。水以多種管道和多樣形態表現出來，從靜止的池塘到緩緩流動的溪流，再到相互撞擊的洶湧海浪。它可以隨著任何承裝它的容器變化形狀，也可以合成和混合任何與它相遇的其他的水或液體。它能像霧一樣幽微，也能像瀑布一樣猛烈。

我們知道我們內心的水元素是我們的情感、夢和直覺的本質。我們透過做夢、尊重我們的情感、適應能力、心靈視野、星體投射、培育關係和自我照顧來與水元素連結。我們體驗水元素的滋養、療癒、流動、移情、敏感、強烈、神祕和深邃。水的活動是週期性的，就像潮汐的漲落或像月亮隨著潮汐而有圓缺變化的週期。水與味覺、靈嚐力的體驗（清晰的味覺）和靈感應力（清晰的情感）有關，這兩者都是接納和吸收能量的作為。

水元素以液態來展現它作為一種物質的狀態，其分子以穩定狀態振動，使得它因為振動太慢而不能變成氣體，又因振動太快而不能變成固體。它通常與西方的方位相關。與水元素有關的智慧形式被稱為水精靈，它們被描繪成是由水組成的小人魚。水元素的符號是一個倒三角形，表示它是帶有負電荷的被動能量。它沒有像土元素的符號那樣有一條線穿過它，因為它是一種受造的勢能，就像水從地下井裡冒出來或是藉由固體的液化而出現那般。

風元素符號

風元素

　　風元素是空間和活動的元素。我們要了解風元素的最好方式不是用看的，而是去體驗它的分布。我們由微風中散發的氣味和傳播的聲音來了解風元素；我們感受到風在飄移時攜帶的溫度；我們看到樹葉和塵埃在旋風中旋轉和舞動。

　　我們知道我們內在的風元素是我們的精神和心智的本質。風是一片無垠的寂靜，智慧、理智、分析、溝通、聲音、創意、覺知和運動都從中產生和推動。我們透過智力的活動、冥想、觀想、專注、想像、說話、唱歌和聆聽與風元素連結。風元素與嗅覺和聽覺，以及靈嗅力（清晰的嗅覺）和靈聽力（清晰的聽覺）的心靈體驗有關。

　　風元素的自然象徵是風、微風、龍捲風、煙霧和雷聲。它作為一種物質狀態的表現方式是氣體，是無形、輕盈和溫暖的。它通常與東方的方位有關。與風元素有關的智力形式被稱為風精（sylphs），它們被描繪成如精靈般的纖細生物。風元素的符號是一個正立的三角形，是帶正電荷的主動能量，有一條直線穿過它，表示它是一種創生的勢能。

火元素符號

火元素

　　火元素與具有熱情和轉化性質的事物緊密相關。它是一種靠活動和行動而存在的動力勢能。它就像野火般，如果停止活動就會失去力量——也正如野火一樣，它似乎有著自己堅定的、侵略性的意志力。火是變革性的，是一種能轉化任何與它接觸的事物的能量，就像火轉變為焦炭，再變成灰燼一樣。

　　火元素整體的特質是熱情、動力、意志力、轉變、溫暖和力量。我們知道火元素是我們特有的精神。我們透過性、野心、強烈情感、決心和勇氣與自己內在的火元素連結。正是這有潛能的火花創造出充滿活力的火焰。它是岩漿噴發的力量，能戰勝任何與它相遇的東西。它似乎是來自太陽和恆星永恆的光和輝光，它們將自己的意志強加給我們的星球和生命。火元素與視覺和靈視力（清晰的視覺）的心靈體驗有關。

火元素在物質狀態的表現方式是電漿，它是不穩定、不斷變化、輕巧和危險的，就像火的世俗象徵一樣。閃電是電漿，星辰也是。當氣體吸收了太多能量致使電子與原子核分離時，就會產生電漿。這些電子變成電離化和電化的，產生光和電磁輻射。事實上，在某些情況下，如果火勢足夠熱時，它散發的氣體就會變成電漿。

　　火元素通常與南方的方位有關。與它有關的智慧形式被稱為蠑螈，它們被描繪成是由火組成的小蜥蜴。火元素的符號是一個正立的三角形，表示它是帶有正電荷的主動能量。因為它是一種受造的勢能，所以就像風元素的符號一樣，沒有一條直線穿過它。火元素是靠風元素維持的，就像電漿是由氣體產生的一樣。

五角星和元素

五角星

　　沒有比五角星（pentagram）和五芒星（pentacle）與巫術更息息相關的其他符號了。五角星（*pentagram*）一詞來自希臘語的 *pentagrammon*，意思是「五條直線的」。因此，五角星是有五個尖角的幾何星形，在五角星的周圍加上一個圓圈就是五芒星。無論是尖角向上的正立五角星或倒掛五角星，都不是邪惡或魔鬼崇拜的象徵標誌。五角星有一段很難確定的歷史，但我們發現幾乎在所有的宗教和神祕傳統中都能找到它，包括希臘、巴比倫、凱爾特、埃及、德魯伊、卡巴拉教、基督教和中國的傳統。

　　巫師們認為五角星是平衡、保護和神性的象徵。五角星意指四大元素加上頂點是精粹或神性的第五元素。正立的五角星象徵物質提升到精神層面，而倒掛的五角星則表示精神沉淪到物質層面。如果一個五角星是正立的，從精粹的靈元素的頂點順時針移動，在右上角的是水元素，右下角是火元素，左下角是土元素，以及左上角是風元素。

　　巫師和儀式魔法師經常利用對著空中畫五角星來作為打開和關閉能量元素入口的鑰匙。當五角星被用來打開元素能量的入口時，我們稱它為「召請五角星」（invoking pentagram）；當它被用來關閉元素能量的入口時，則被稱為「驅逐五角星」（banishing pentagram）。

五角星的召請和驅逐來自儀式傳統，目的是將一種元素勢能帶入魔法圈或能量運作中。在巫術傳統中，我們不會稱之為召請（invoking），而是稱之為召喚（evoking），因為我們不是呼喚這種能量進入我們的身體，而是進入我們的魔法圈。在巫術中，召請一詞通常是指呼求某個東西進到你的身體或某個目標中，而召喚則是被用來呼喚某個東西進入你的空間。但在儀式傳統中，他們把魔法圈看作是自己身體的延伸，因此當他們呼喚某物進入魔法圈內時，就是在召請它。同樣的，由於某些巫師將魔法圈視為自身氣場的延伸，所以當然會把它視為召請。五角星的召請和驅逐可被當作是「鑰匙」，但我認為它們更像是入口。召請五角星會打開一個能讓特定元素能量通過的入口，而驅逐五角星則關閉了一個讓特定元素能量流動的入口。

在儀式中，當呼喚元素守護靈時會布畫這些五角星，這些守護靈將負責看管入口，並根據他們對自己負責的元素的專長及對能量作用本身的了解，識別是否允許某個能量通過它所控制的入口。如果你不打算進行儀式來控制一個地方或物體的元素能量，也可以不必呼喚守護靈就能使用這些五角星。

在召請五角星之前，必須先與各個元素進行深度的連結，了解每個元素的能量感覺起來是怎樣的。一旦你調諧到那個元素後，就可以從你自己的內在召喚出相關的感覺，並在對著空中畫出能量符號的同時集中注意力來引導它。你對著空中畫能量的方式，可以跟你布畫魔法圈的方式相同，但要以元素能量作為焦點。

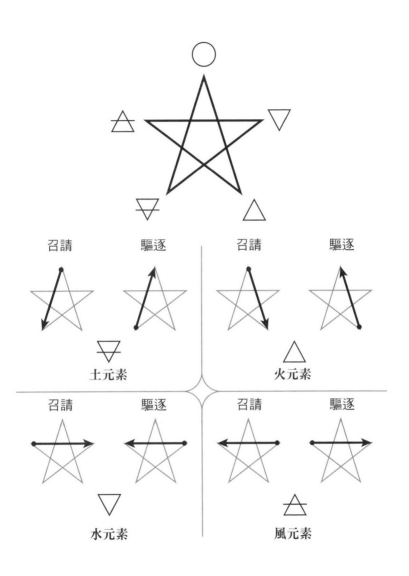

召請和驅逐五角星

與元素調諧

從調頻開始。做一次深呼吸並且說出：

「我打算和土元素共振，

好讓我了解你。」

對著你面前的空中，用藍色的巫師之火畫出召請土元素的五角星。感覺土元素的能量從你的五角星的入口散發出來。感受土元素的能量環繞著你。進行「元素呼吸」的練習，除了在數每一拍時都聚焦在土元素之外，在呼吸過程中每一部分的四拍都重複土元素。吸入土元素的能量，讓它充滿你。把你的呼吸和意識帶入你的大釜，用這種能量灌注下層大釜、中層大釜和上層大釜，一個個地將它們充滿。這是什麼樣的感覺？看起來像什麼？聞起來像什麼？聽起來像什麼？嘗起來味道怎麼樣？當你完成後，進行驅逐土元素的五角星。

繼續以其他的元素（風元素、火元素、水元素和靈元素）及與其各自搭配的召請五角星和驅逐五角星來進行這個練習。

召喚元素的能量來進行加持和傳送

　　從調頻開始。啟動你手掌的能量中心。確定你想要召喚哪一個元素。再用你的投射手的手指，在你的接收手的手掌上畫出那個元素的召請五角星。根據上一個練習的經驗，開始專注在特定元素為你帶來的感覺。把你的雙手分開。將元素的能量充滿你內在的每一個大釜，然後觀想能量由大釜溢出流向雙手，創造出一個純粹由元素形成的能量球。觀想那個元素的符號出現在你的能量球上。

　　你可以用這能量為具有某個特定元素的物體加持。例如，如果我想用風元素為蠟燭加持能量，我會把風元素能量抓在手中，然後將它放在蠟燭周圍，觀想所有的風元素能量充滿並啟動蠟燭。你也可以把這個能量球傳送給遠方的另一個人。只要專注在你手中的能量球上，一邊想著接收的人，深吸一口氣。接著用力吐氣，觀想你正在把元素能量球吹向它的目的地。

呼喚四大方位的守護靈

四大方位是一個魔法圈內的四個定向點，由四個元素的守護靈掌管。

從調頻開始並進行魂靈調諧。從北方開始，用藍色的巫師火光在你面前畫出其對應元素的召請五角星。呼喚這個元素的守護靈，同時觀想守護靈走過來舉起你的接收手。從北方開始，在你的魔法圈中以順時針方向移動：

「哦！向〔方位〕守望塔的守護靈致敬，

借助〔元素〕和星光的力量，

我〔你的名字〕召喚、激發並呼喚你進入這魔法圈，

見證、守護及加入這個儀式，

遠古來者接替你的位置，

展現你的力量，敞開你的門扉，

讓你的四方守護靈駐守這神聖空間。

哦！歡迎你！」

等你感覺到他們的出現後，從你的五角星的中心開始，用藍色的巫師火光畫一條線到下一個方位的定點，從北方（土元素），經過東方（風元素），到南方（火元素），再到西方（水元素），最後把你的光的線條從五芒星的西方連接到北方即完成。

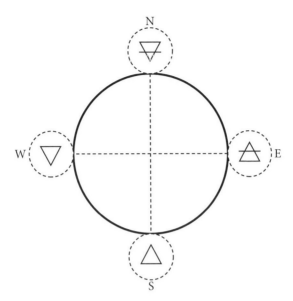

召請元素四大方位的守望塔

解散四大方位的守護靈

　　這個過程類似於「呼喚四大方位的守護靈」，只不過把順序反過來進行。要解散四大方位的守護靈，你可以由西向北以逆時針方向移動，用藍色的巫師火光在你面前畫出正確元素的驅逐五角星。呼喚元素的守護靈，同時觀想守護靈離開空間，並舉起你的投射手，吟誦：

　　「哦！向〔方位〕守望塔的守護靈致敬，

借助〔元素〕和星光的力量，

我感謝你的出現和協助，

守望和保護這個儀式，

如果你願意請留下，如果你必須離開請慢走，

願我們之間永遠存在和平，

在完美的愛與完全的信任中，

歡送你！再會！」

以逆時針方向移動，重複這個過程，以解散每個方位的守護靈。

第十二章

地球的能量

巫師們往往是萬物有靈論者（animist），這個名詞是指萬物皆有靈這一觀念的信奉者。萬物有靈論源於「生命」（anima）和「心靈」（animus）這兩個拉丁語詞，它們與魂靈、智慧和具備生命本質的概念有關。在巫師眼裡，一切都是活的，有形物質的一切都蘊含著生命原力和智慧。對巫師而言，大自然是充滿生機的。岩石、水、風、動物、植物、恆星、行星，以及我們能感知到的存在於物質宇宙中的所有東西都是如此。

當萬物都來自聖靈並被聖靈的精粹所充滿時，所有的事物都是神聖的，並以自己的樣子存在——任何具有物質存在體的事物都都蘊含著一種獨特的性格、能量和聖靈的表達。在聖火（Sacred Fires）中，我們稱這種宇宙精神為星辰女神，即宇宙心靈的本身，並經常把星辰女神和宇宙兩個語詞互換使用。星辰女神是聖靈的一個主要層面，滲透在宇宙中所有可感知與不可感知的事物中。

在向外尋找不同行星和恆星的能量之前，讓我們從我們賴以生存的地球行星開始。正如人類具有個體身分的表達，卻又融入全體人類的集體無意識裡，在靈性層面上與所有人連結成為一個物種，自然界也是如此。一株植物承載著其物種的集體記憶，而每株植物都有自己個體的靈魂。晶體、動物和其他大自然的表現也是這樣的。

就像人類能接觸集體無意識和其智慧和歷史，以及祖先的血脈之川一樣，其他形式的生命也能做到。例如，貓頭鷹是有自己意識的單一動物，但它也被融入包含所有貓頭鷹的更大的集體意識中。

玫瑰叢有自己的個體特徵，但它是更大玫瑰群體的記憶和精神的一部分。每一塊紫水晶都有自己的特性，也是更大群紫水晶記憶的一部分。

·

地球是活的

巫師們知道星球本身是活的。地球是活的這一觀點不僅是一個精神上的概念。化學家詹姆斯·洛夫洛克（James Lovelove）和微生物學家林恩·馬古利斯（Lynn Margulis）提出了地球是活的這一觀點，並稱之為「蓋亞理論」（the Gaia Theory）。[45]蓋亞這個名字源自於希臘語 Gaea，是古希臘人對我們行星靈魂的稱謂。蓋亞理論背後的主要思想是，我們的地球行星就像一個有機體，是一個單一的智慧型自我調節系統，換言之，地球行星上的所有生命只是更大網絡的一部分。這是巫師們一直都知道的事；蓋亞是活的，而我們人類及大自然的其餘部分，都只是與地球共同依存的微觀部分。這類似於我們人體內擁有大量的微生物和細菌，使我們得以生存、消化和自我療癒一般。因此，巫師們通常很崇敬蓋亞，並認為自己的神聖使命是要成為我們星球的守護者、保衛者和管理者。

45.James Locklove，*Gaia, a New Look at Life on Earth*（Oxford, NY: Oxford University Press，1995年）。

46.Raven Grimassi，*Grimoire of the Thorn-blooded Witch :Mastering the Five Arts of Old World Witchery*（San Francisco, CA: Weiser，2014年），xvii-xix 頁。

瑞文‧格里馬西探討過一個有趣的概念，叫作「地球的有機記憶」（The Organic Memory of the Earth），它主張萬物都會分解並成為土地本身的一部分。[46]正如我之前討論的，我們的血液裡含藏我們祖先的遺傳記憶。當我們死後在蓋亞內分解或骨灰散落塵土時，所有我們在世時的生物體的經驗、記憶、智慧和歷史都會被蓋亞吸收回去。蓋亞把所有這些智慧貯存於她的內在。格里馬西把這比喻為東方思想的阿卡莎記錄，但獨立於它而存在於蓋亞之內。

巫師、薩滿和神祕學家早就知道水晶不但具有特定的能量，而且還記錄著記憶。事實上，水晶由於能夠接收、保存和投射資訊，因此被我們用來操作大部分的電腦技術。當我們用功能強大的顯微鏡放大污垢時會看到什麼？我們看到它是由微小的有機體組成的，它們分解動植物、礦物和晶體。這些水晶記錄了被蓋亞吞噬的一切訊息，而大地蘊藏著從恐龍以來，一直到我們祖先的所有存在體的記憶。

•

與地球同步的想像

但是蓋亞有意識嗎？地球表面和電離層共同作用，以引發由一個洞隙內的閃電活動所產生的電磁節律脈衝。我們的世界發出 7.83 赫茲週期的電磁脈衝（雖然它有時可能會激增），許多研究人員將它與人類和所有具有大腦的其他動物的腦部活動進行了比較。這個神祕的電磁脈衝週期被稱為舒曼共振（the Schumann Resonance），是以物理學家溫弗里德‧奧托‧舒曼（Winfried

Otto Schumann）的名字命名的，他是第一個用數學方法預測這種現象的人。[47]

核子物理學家羅伯特·貝克（Robert Beck）獨立研究了巫師、靈媒、基督教信仰的治療師、薩滿和其他療癒師的腦電波狀態，發現他們當中大多數人在進行療癒或進入意識狀態改變時，都表現出7.8－8赫茲週期的腦波模式。[48]

我們早先已探討過這種腦波狀態；這是與通靈能力、冥想、白日夢和觀想有關的α腦波狀態（7.5－13赫茲）。因此，如果舒曼共振是蓋亞的心識，這將可導出一個結論，即蓋亞的意識就在α波之內，也許當我們的意識不知不覺地進入α波時，我們就讓自己與蓋亞本身的意識、夢、想像和記憶調諧了。這種如夢般的意識轉變狀態與星光體有關。因此，我們會受到蓋亞的影響，蓋亞也會受到我們的影響。

練習 68

連結蓋亞

在大自然中找一個你不會受干擾的地方。首先，調頻並召請你的低我——因為低我是我們與地球相連的部分。舒適地坐在地上，將雙手放在地面。從你的內心和靈魂深處呼喚蓋亞，把這個呼喚看作是一股能量的脈衝波，穿過你的身

---

47. James L. Oschman，*Energy Medicine: The Scientific Basis*（Dover, NH:Elsevier，2016年），257- 263頁。
48. Barbara Brennan，*Light Emerging: The Journey of Personal Healing*（Broadway, NY: Bantam，1993年），17-18頁。

體，經由你的雙手向下傳遞，直達蓋亞的心臟。口頭上或心裡面肯定地吟誦：

「手連著地
骨連著石
血連著泥
我與蓋亞的心一致。
我與蓋亞的意調諧，
泥連著血
石連著骨
地連著手。」

等待蓋亞給予回應。每個人做這個練習的情況都是不同的。注意你內在所有的靈透感官。通常，在蓋亞的形像出現在我的巫師之眼之前，我會先有一種靈觸的感覺。當你得到蓋亞的回應後，可以隨時和她對話，問她問題、徵求她的建議，或是問問她是否有消息要傳達給你。我建議和蓋亞建立關係有很多原因，其中最主要的原因是，她是塵俗界域之后和地球王國之母。在這個角色中，如果你以這種方式與她連結並尋求她的幫助，她可以在有需要時協助與在地靈（the Spirit of Place）或自然靈有關的工作。當你完成後，可以簡單地「關閉啟靈」並回到中我的意識。

在地靈

雖然蓋亞有自己的意識，但不同的地點及建築物本身也有它們自己的意識形式，這通常被稱為在地靈。居住於在地靈中的可能有植物、動物、礦物和其他的靈魂，它們都有自己個別的意識形式——就像植物和動物在自然生態系統內共存並創造了複雜的群落系統一樣。一個通靈巫師不僅要學會與蓋亞本身連結，也要學會連結在地靈及當地內的各靈魂。

跟在地靈交朋友是很重要的。和在地靈成為好友，你在當地進行的任何魔法任務——無論是在森林、海灘、房屋或花園——都將獲得在地靈的祝福，確保你的魔法發揮更大的效果，它也會提供保護，減少可能居住在當地的眾多靈魂給你的阻礙。想想看，你會希望讓陌生人闖進你家來執行奇怪的儀式嗎？多半不會吧。

進行與在地靈有關的事時，有些重要因素一定要牢記。你總想求得它的允許，但你要注意並尊重它給的答案，尤其如果答案是否定的時候。如果你是一個訪客，你會想要獻上供品。供品會根據你的居住地和當地的風俗而有所不同。試著研究不同的宗教、土著、薩滿教和民情風俗有關土地供品的層面——這將使你對那片土地的喜好有深入的了解。

在我居住的新英格蘭這裡，人們習慣提供玉米粉、煙草、清水或一束頭髮——尤其是如果你要在當地覓食或收成時。千萬不要只曉得取之大自然，而不知道回饋大自然。有句老話說：「禮尚往

來」，這樣才能維持對大自然的平等交流和崇敬，而不是予取予求並惹惱在地靈。當你與在地靈建立連結時，你可以問它喜歡什麼樣的供品。

連結在地靈

在你想進行連結的場地的臨界處，例如一片森林的界緣或一間房子的門外，開始調頻並召請你的低我。進行上一個練習（連結蓋亞），把你的手放在你所在地的界緣的地面上，呼喚蓋亞並和她連結。

獻上供品的同時，可以在口頭或心裡像這樣吟誦：

「呼喚此處的在地靈，我〔你的名字〕獻上一份〔供品名稱〕來榮耀你，並與你建立連結。祈求你能允許和祝福我，以便〔說明你與這個在地靈連結的目的是什麼。你想施作魔法、進行冥想或其他別的事嗎？告訴在地靈〕。請問我能得到你的允許和祝福嗎？」

類似上一個練習（連結蓋亞）那樣等待回應。在地靈是否在你的巫師之眼中用某種形式出現呢？用你所有的靈透感官檢查看看。這些靈透力感受到被邀請和歡迎，還是感覺到敵意和不受歡迎呢？有時在地靈會拒絕你的請求但沒有敵

意。要尊重你接收到的一切。如果你獲得在地靈的贊同繼續進行，你可以和他做心靈的對話，譬如詢問在地靈有關他及他的歷史的問題。

結合大自然的顯像占卜術

許多巫師和異教徒都會使用的一個經典的技巧是結合大自然的顯像占卜術，這是最簡單的技巧之一。顯像占卜術（scrying）是對一個物體進行凝神式觀察以獲得靈視訊息的行為，但在此技巧中，顯像占卜術是與大自然結合為一體來進行的。通常是在漫步在大自然或坐在大自然中的某個特定點時進行這個技巧的。在你開始之前，你需要在心裡先想一個問題——如果你的問題只是「我現在需要知道什麼？」也可以。

確認你是在放鬆和冥想的狀態。你可以啟動你的心靈提示，或進行完整的調頻練習。如果你所在的地方對你來說是陌生的，也可以選擇做最後兩個練習。無論你是在走路還是坐在一個地方，都要用一種被動的狀態融入周圍的環境。

假使聖靈將透過大自然的隱喻性意象來回答你的問題，那會是什麼訊息？你看到什麼動物、昆蟲或植物？牠們

有什麼行為？灌木叢、林冠或雲是否有出現任何影像或面孔？這和你的問題有關聯嗎？

　　當你在家時，你可能也想查看任何引起你注意的動物、昆蟲、植物或符號的靈性意義是什麼，好讓你得到更深層的了解。

第十三章

天體的能量

古代的神祕學家意識到的不僅是蓋亞的影響。如果蓋亞是活的，其他行星肯定也是活的，因此它們對我們也有一些影響。人類在整個歷史中一直在追蹤恆星和行星的軌跡，並記錄它們帶給我們的影響。人們認識到這些恆星和行星所擁有的原型能量，並意識到他們可以在魔法運作中調諧並利用這些天體的影響力。古人認為太陽、月亮、金星、水星、火星、木星和土星等七大行星具有強大的影響力。你可能會注意到他們將太陽和月亮視為行星，我們現今並非如此，而是稱它們為發光體。但是古代對於行星的定義和現代是不一樣的。

「行星」（planet）一詞來自希臘語的 *planētēs*，意思是「漫遊者」。行星被定義為在我們天空中漫遊的七個主要物體。希臘人根據行星的原型動力，以他們神祇的名字來命名。重要的是不要對行星及它們的名字太過於執迷或困惑。在許多方面，行星發揮的影響力與那些和它們同名的神祇相似，但也有許多不同的地方。離我們較近的天體對我們的心靈有強烈的影響力，而距離我們較遠的天體對我們的影響力就會漸漸減少。從最初的希臘行星以來，雖然已經發現了更多的行星，但對魔法的運作而言，這七個流浪者才是力量最強的行星，它們將是我們關注的重點。

這些行星的影響力被稱為星體影響，這名稱本身指的是天體行星領域。另一種思考行星和其作用，以及它們如何影響我們的方法是，把太陽系視為一個宏觀宇宙的存在體，其中的每個天體都是整體的一部分。

每個行星都有一個代表符號，是由十字、圓形和新月形這三個主要的視覺元素組合而成的。圓形代表精神，與高我相關；十字代表物質，與中我相關；新月代表魂靈，與低我相關。[49]

●

行星的對應關係與形象同效學說

　　你會發現關於巫術的書籍在談論完四大元素之後，會把行星動力作為下一個對應關係的主要形式。你將看見許多植物或水晶與不同行星能量對應的表單。這種對應系統來自「形象同效學說」(the Doctrine of Signatures)。「形象同效學說」觀察植物的葉片和花瓣的形狀、顏色、外觀和數量，以確定它對人體的作用或它與環境的相互作用。有個明顯常見的例子是艾蒿，它在醫學上有助於緩解呼吸的問題，而它的葉片形狀長得很像肺。

　　這種對應關係的概念是以赫密斯公理的「在上如此，在下亦然。內在如此，外在如是」為基礎的。在西元一世紀的共同時代(Common Era)，迪奧斯科里德斯(Dioscorides)利用這個概念寫了《本草》(De Materia Medica)，並將它應用在植物方面。大約一百年後，蓋倫(Galen)的作品採用了《本草》中提出的觀念，而蓋倫的作品一直是影響現代醫學和健康觀念的重要歷史之一。

　　在 15 世紀，當帕拉塞爾蘇斯(Paracelsus)與其他煉金術士和神祕學家發現，根據「形象同效學說」，一種植物的特性是由特定的行星動力統治時，他便擴展並增強了這種對應關係的概念。因此，

蘊含植物靈的自然界被認為與行星動力之間具有形象同效的或對應的關係，並且可以在魔法活動中提供協助，把需要該行星動力的事物包圍起來，如同它們已被嵌入那動力一般。

勞麗‧卡柏特對這一點解釋得很好，她說：「大自然特別擅長保持一種純淨的光、一種純淨的振動。人類很容易受到所有行星和恆星的影響，其他的一切也是這樣，但是草藥、森林、石頭、金屬和動物具有非常純淨的意識、非常純淨的氣場，並且能夠錨定來自一個或兩個不同行星的特殊振動頻率。我們會說一種魔法的成分是由一個特定的行星或星座『統治』的。」[50]

至於在舊的對應關係的圖表中所使用的性別方面，這些觀念與我們現代對性別的理解無關，而且不再得到認同，因為其他如「熱」和「寒」的傳統術語更能描繪這些術語試圖傳達的內涵，同時去除了老式用語的性別含義，例如：刺激性、攻擊性、電性或正極的被認為是「熱性的」（以前稱陽性的）。如果一種植物或草藥是放鬆的、被動的、有磁性的或負極的，則被視為是「寒性的」（以前稱陰性的）。這些東西被用來確定植物相關的「屬性」。我們甚至在坎寧安的（Cunningham）時期也看到這種轉變；他曾在一本草藥書中使用性別的用語，但在他的下一本草藥書中則採用了「熱

49.Ivo Dominguez, Jr.，*Practical Astrology for Witches and Pagans: Using the Planets and the Stars for Effective Spellwork, Rituals, and Magickal Work*（San Francisco, CA: Weiser 出版，2016 年），27-28頁。

50. Laurie Cabot、Penny Cabot 和 Christopher Penczak 合著，*Laurie Cabot's Book of Spells& Enchantments*（Salem, NH: Copper Cauldron 出版，2014 年），39-40頁。

性」和「寒性」的說法，並詳述他為什麼從那時起就避免使用性別用語的原因。

　　對應關係也建立在植物如何與身體或其環境相互作用的基礎上。例如，艾草可用來驅除體內的寄生蟲，因此對於驅除體外的和氣場的不好的存有也很有用；所有這些都是火星的原型能量。艾蒿在醫學上具有鎮定和促進睡眠的作用，而睡眠有促進松果體產生褪黑激素的作用，進而提高靈力；所有這些都是月亮的原型能量。藉著使用「形象同效學說」，我們可以根據植物或水晶的外觀來了解它們的核心原型行星動力是什麼，這使我們能洞察它們在醫學上的作用。這些藥用的特性暗示了它們在魔法和靈性上的用途。[51]

　　我們由此最主要學到的是，就像植物一樣，我們星球上的一切都對應著一種行星能量，而這些對應關係的背後是有道理的。經由學習行星的動力是什麼，你可以透過心靈的管道調諧到那個行星動力，並進一步啟動它的魔法特性和力量，用它在更深的層次運作。我將在本章稍後的兩個練習中向你做展示。

51.Christopher Penczak，*The Plant Spirit Familiar: Green Totems, Teachers & Healers On the Path of the Witch*（Salem,NH:Copper Cauldron 出版，2011），71-73頁。

52.Ivo Dominguez, Jr.，*Practical Astrology for Witches and Pagans: Using the Planets and the Stars for Effective Spellwork, Rituals, and Magickal Work*（San Francisco, CA: Weiser，2016年）28頁。

太陽

太陽是精神的力量，象徵著我們太陽系中的高我。它的動力與認同感和自我意識有關。它支配著自我各個方面的福祉，包括健康、財富、幸福和繁榮。太陽的符號是一個象徵精神的圓形，中間有一個圓點。伊佛·多明格斯認為這象徵著微觀世界與宏觀世界之間的關係，也象徵精神使自身得以彰顯。[52]

 太陽的符號也可以看作是太陽本身的象徵。太陽是一個恆星，因此是我們太陽系中最神聖的行星體，是星辰女神的直接顯化。太陽支配星期日。

利用太陽能量可進行與以下性質相關的魔法活動：進展、野心、信心、創造力、統御、利己主義、表達、聲譽、父權、友誼、貪婪、成長、幸福、療癒、健康、啟發、個體特徵、歡樂、領導力、生命、顯化、男子氣概、動機、性格、個人動力、權力、驕傲、繁榮、名望、自尊、自我意識、力量、成功、活力、財富

支配日：星期日

月亮

月亮是魂靈的力量，象徵著我們太陽系中的低我。它的動力與隱藏的領域有關，例如：通靈能力、魔法能力、情緒、本能、魅力和幻覺。除了地球本身之外，月亮是與巫術連結最緊密的天體之一。巫師在月亮的不同階段工作，以協助進行各種魔法活動。月圓用來顯化魔法，月缺則用來驅逐魔法。

月亮的符號是一個新月形。覺得吃驚，是嗎？月亮的能量可以透過它的圓缺週期，來顯化和驅逐在我們內心和我們生活中發生的各種情況的能量。

利用月亮的能量可進行與以下性質有關的魔法活動：星體工作、誕生、同情、占卜、夢想、情緒、同理心、女性氣質、魅力、感激、家族、家庭、幻覺、想像力、增與減、直覺、魔法能力、母權、耐心、通靈能力、變形、靈性、精微性、轉化

支配日：星期一

水星

水星的力量與思想、速度、運動、通訊、加工、商業和貿易等領域相關。英文單字雇傭兵（*mercenary*）和商人（*merchant*）都源自拉丁文的 *Merx*，它和拉丁文用來指水星的單字 *Mercurius* 的有同樣的字根。單字水星的（*mercurial*）指任何與水星有關的東西，但也與迅速改變一個人的立場、觀點或思想有關。

水星的符號是由代表精神的圓形，上面加上代表魂靈的新月形，下面加上代表物質的十字架。此符號也可以看作是羅馬神祇墨丘利的雙蛇杖的象徵。

利用水星的能量可進行與以下性質有關的魔法活動：商業、溝通、欺騙、靈活性、療癒、洞察力、智力、知識、邏輯、魔法、記憶、心理歷程、音樂、感知、詩歌、保護、加工、科學、演講、學習、技術、盜竊、思考、貿易、旅行、詭計、寫作

支配日：星期三

金星

金星是美麗、接納、吸引力和生育力的力量。雖然金星往往與愛和美相關，但它也與繁殖和自然的領域相關，而且就像自然與美麗一樣，也有黑暗的一面。有很多語詞都源自於金星，例如 *venefica*，它的意思是「中毒」，並且與植物和草藥所引起的中毒的概念相關，毒液（venom）一字也同樣與 venefica 有關。「性愛的（venereal）」一字與愛和享樂的概念有關，如性病即是由性行為傳播的疾病。當我們愛慕、崇拜和熱愛某個人時，我們就會尊敬（venerate）他。葡萄酒、葡萄藤和金星之間也有關聯，它們源自原始印歐語（Proto-Indo-European）的一個字根 wen，把愉悅、陶醉和大地的概念結合在一起。

 金星的符號是代表物質的十字，上方有著代表精神的圓形。此符號也可以看作是金星的手鏡或花朵。

利用金星的能量可進行與以下性質有關的魔法活動：協議、吸引力、情意、藝術、美感、合作、文化、情感、生育能力、友好、友誼、優雅、魅力、靈感、嫉妒、愛情、誘惑、奢華、熱情、和平、快樂、關係、浪漫、自信、感官享受、性、性行為、社交能力、貴重物品

支配日：星期五

火星

火星是推進力、原始能量、體力，耐力、戰鬥、對抗、軍事、抗爭、自衛和性能力的力量。當你需要助力來分解或突破東西時，

火星能量是很有用的。「火星的」（martial）一詞與火星有關，但也被用來描述與軍事有關的事物，如軍法或武術。

火星的符號是一個象徵精神的圓形，加上一個帶有推進力方向的箭頭，這是唯一打破規則的符號。火星的符號也可以看作是盾牌和長矛。

利用火星的能量可進行與以下性質有關的魔法活動：侵略、憤怒、戰鬥、邊界、衝突、對抗、勇氣、防禦、爭端、能量、欲望、動機、熱情、體力、保護、原始能量、釋放束縛、性衝動、性能力、耐力、體力、復仇、活力、生命力、戰爭

支配日：星期二

木星

木星是更高的真理和正義、領導力、智慧、宗教、信仰和擴展的力量。木星的（Jupiterian）一詞是指任何與野心、領導力和宗教有關的事物。木星也與神聖祝福的概念有關，因此，像愉快的（jovial）（喬夫（Jove）是木星名稱的變體）這類的字指的是擁有一個善良的本性，在愉悅或歡喜的狀態的概念。當我們與高我調諧時，我們是開闊的，我們生活的各個領域開始充滿智慧、正義和繁榮的祝福。

木星的符號結合了代表魂靈的新月和代表物質的十字，也可以把它看作是木星的寶座。

利用木星的能量進行與以下性質有關的魔法活動：豐足、優勢、權威、奉獻、熱誠、倫理、擴展、幸運、成長、更高的目標、更高的意識、榮譽、幽默、正義、法律、法律制度、人生道路、運氣、樂觀、哲學、道德、政治、繁榮、宗教、責任、規則、統治、靈性、真實意志、真理、財富、智慧

支配日：星期四

土星

土星是規則、限制、收縮、遮蔽、保護、邊界、進化、終結和業力課題的力量。土星的（*Saturnine*）一詞是指任何與黑暗和陰沉有關的事物。儘管木星擴展了生活領域，但土星限制了它們。木星成長，土星收穫。雖然火星在能量上比土星更具侵略性，但土星的防禦能力更強。

土星的符號是代表物質的十字，加上代表魂靈的新月。土星的符號也可以看作是上下顛倒的鐮刀，表示是正使用中的鐮刀。

利用土星能量來進行與以下性質有關的魔法活動：老化、農業、緊縮、束縛、界限、死亡、毀滅、義務、均衡、恐懼、形成、歷史、啟蒙、恐嚇、業力、生命週期、生命課題、侷限、耐心、毅力、實用性、保護、審慎、責任、限制、犧牲、自律、陰影工作、教學、時間、智慧

支配日：星期六

調諧行星能量

　　從調頻開始並進行一次魂靈調諧。深吸一口氣，接著說：

　　「我打算與〔行星〕的動力共振，好讓我了解你。」

　　朝著你面前的空中，用藍色的巫師之火畫出這個行星的符號，並在它周圍以順時針方向畫一個圓圈。感覺那個元素的能量從你的行星入口散發出來。感受行星能量環繞著你。進行「月亮式呼吸」的練習，不同的是要把關注的焦點從月亮換成你所呼喚的行星──當然，除非你召喚的正好是月亮。

　　吸入行星的能量，讓它為你加持並充滿著你。觀想你的胸前出現它的符號，你的身體因為這能量而發光，讓你的身體和氣場充滿它的能量。它感覺起來像什麼？它看起來像什麼？聞起來像什麼？聽起來像什麼？味道怎麼樣？為每一個行星進行這個練習，從太陽開始，依序是月亮、水星、金星、火星、木星和土星，直到你對所有的行星能量都熟悉為止。

召喚行星能量來進行加持和傳送

從調頻開始。啟動你的手掌能量中心。決定你想要召喚的星球。用你的投射手的手指，在你接收手的手掌上畫上這個行星的符號，並在符號的周圍以順時針方向畫一個圓圈。根據你在先前練習的經驗，開始把注意力集中在特定行星能量的感覺上。把你的雙手分開。觀想行星的符號出現在你胸前，你的身體以這行星能量發光，用它的能量充滿著你的身體和氣場，然後觀想能量流入你的雙手，創造出純粹由這個元素所形成的能量球。

你可以用這股能量為物品加持特定行星的能量。例如，如果我想用水星的行星能量為水晶做能量加持，我會把水星的行星能量握在手中，接著將這能量放在水晶周圍，觀想所有的元素能量充滿水晶並將它啟動。你也可以把這個能量球傳送給遠方的另一個人。只要專注在你手中的能量球，心裡想著接收者，然後深吸一口氣，用力吐氣時，想像你正在將元素能量球吹向它的目的地。

第十四章

多次元的顯化

氣場是圍繞所有物體、人和實體的能量場。存在體越複雜，氣場就越複雜。因此，無生命的物體往往只有非常基本的氣場。岩石的氣場不如植物的複雜，植物的氣場比動物的簡單，動物的氣場沒有人類的那麼複雜。氣場看起來就像一個彩光場，向我們傳達精神層面的資訊。它能透露給我們有關一個人的情感狀態、情緒、思想、健康和靈性的訊息。

　　氣場一詞來自拉丁語的 *aura*，意思是微風。在古希臘羅馬神話中，有四位天神化身為四股基本風。這些神被稱為阿內莫伊（Anemoi）。阿內莫伊的女兒們是微風中的仙女，她們被稱為奧蕊（Aurae）。還有另一個主要的微風女神名叫奧拉（Aura）。古典藝術的作品中所描繪的奧拉和奧蕊都披著一種叫做韋利法克提歐（*velifactio*）的織物，在她們身後隨著微風翻揚。這種織物會圍繞在她們周圍形成一個蛋形層，這讓人聯想到眼睛所看到的氣場的樣貌。

　　韋利法克提歐代表天體能量，或我們現代人所稱的星體能量，因為星體的（*astral*）一詞源自拉丁語的 *astrum*，意思是與星星連結。後來，在藝術作品中的皇室成員或有世俗權力特質的人，背後都會被畫上韋利法克提歐。這與藝術中用光暈來描繪一個聖人的做法類似，這光暈所指的就是人的氣場。我相信你聽人家說過某些人有「一股氣圍著」他們的說法。這種表達所指的就是一個人有氣場的概念。

氣場（aura）一字與 *aurora* 非常相似。奧羅拉（Aurora）是曙光女神的名字，它的意思是「曙光」或「黎明」。羅馬的作家們，比如奧維德（Ovid）在《變形記》（Metamorphosis）中把奧羅拉和奧拉二者合併在一起。我認為這給了我們為什麼用奧拉這個詞來描述能量場的另一層涵義。它不僅是關於一個人以層次出現的無形體的「氣」，它也是彩色的光，如同黎明的天空充滿了各種顏色相互混合的彩光，也像是一個人周圍出現的氣場一般。

．

靈性大釜與氣場

三個靈性大釜是我們氣場的內在門戶。就像經典的巫師魔釜的圖像，釜裡盛滿的液體輪番轉為蒸氣又沸騰那般，我們內在的大釜也不斷從不同的實相領域吸取能量，當能量穿過我們並被過濾時，呈現出來的正是圍繞著我們的氣場。這個功能類似於呼吸。我們總是從我們多次元的能量環境中獲得訊息，並透過我們的內在大釜過濾後，將它們釋放出來而成為我們周圍的氣場。每一個大釜處理我們實相裡的兩個不同次元帶的能量。溫熱大釜是我們低我的焦點，處理乙太和星體能量。活動大釜是我們中我的焦點，處理心智和情緒能量。智慧大釜是我們高我的焦點，處理靈性和神性能量。

在我們的多次元實相中，由這些氣場來充當我們其他的能量體。雖然有形的肉身是我們主要的焦點，但在實相的次元帶中，我們還有其他六個能量體。把實相的次元帶想成是同一空間裡的能量

頻道。就像無線電波一樣，它們似乎是看不見且難以察覺的，但是如果你拿出一台收音機，把它的頻率調到正確的波段，就會出現一個特定的電台。透過與我們的靈性大釜共同運作，我們可以學會調頻進入這些不同程度的次元帶中。

因此，身體是我們在物質層面中的形體。我們的乙太體是我們在乙太頻帶中的形體。我們的星光體是我們在星體頻帶中的形體。我們的情緒體是情緒頻帶中的形體。我們的心智體是心智頻帶中的形體。我們的靈性體是我們在靈性頻帶中的形體，而我們的神性體是我們在神性頻帶中的形體。所有這些形體是同時存在的，我們的身體是連接這些形體的核心，並將它們全部結合成為一個凡人的生命感應圈。

這些頻帶被包含在一個更大的群組中，即我們體驗到的「世界之樹」裡的三個世界。世界之樹的根部的下層世界包含乙太體和星光體，它的樹幹部分的中層世界包含心智體和情緒體，它的樹枝部分的上層世界包含靈性體和神性體。

●

實相模圖

如果你讀過其他形上學的書籍，很可能你看到的氣場和實相的解說或描述與本書的說法有些不同。那是因為在靈性領域裡，沒有任何東西是具象的，因此它並不是一門精確的科學。然而，我們可以將它們繪製成模型，透過對其內容的基本了解，來幫助我們熟悉

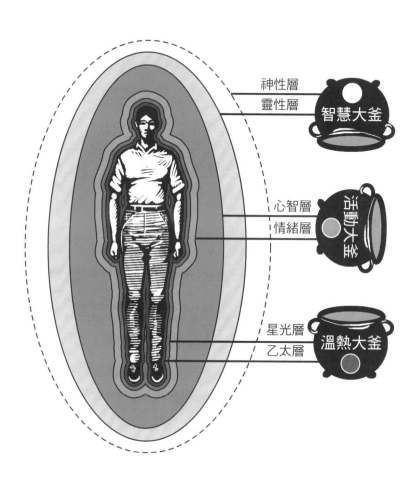

與三個大釜相關的氣場

在這些領域。克里斯多福‧彭恰克在「高階巫術的殿堂」中將它稱為「實相模圖」[53]，重要的是要了解實相模圖是為了特定的目的而建立的模型。當我們過於執著我們自己或實相本身的一種特定模型時，我們就會妨礙自己的成長，也阻擋了我們能接觸到的一切及我們的可能性。同樣的，我已經討論過你在這些實相層面中最可能遇到的存有；這是否表示此處就是它們具體存在的地方呢？絕對不是的。它意味著那是你最有可能進入共振頻道並體驗到這些存有的所在。

那麼，如果各個氣場是在同一個空間裡共存，為什麼它們會被描繪成這樣？為什麼這樣的層次排列代表了氣場的劃分呢？第一個答案是每個人的通靈知覺力都是不同的。你可以想像每個通靈人各自都有不同程度的縮放對焦能力。當一個通靈人看到氣場時，他們可能會看到以不同方式重新排列的層次，他們也可能會感知到更微妙的差別或更概略的光體。第二個原因是，這個特殊的實相模圖有助於我們了解哪些能量與世界之樹的哪個部分相連，以及與我們的三個魂靈和三個大爹的模型是怎樣連結的。然而，最重要的原因是氣場和實相層次的順序能幫助我們理解魔法的機制。它清楚地說明了我們施法的步驟，魔法是如何從我們的物質實相到達神性層面，我們該採取什麼步驟來接受顯化，以及它是如何從神性層面回歸到我們的物質實相而成為一個結果的。

53.Christopher Penczak，*The Temple of High Witchcraft: Ceremonies, Spheres and The Witches' Qabalah*（Woodbury, MN: Llewellyn Worldwide 出版，2014 年），69-75頁。

多次元的魔法

　　要成功地執行魔法，我們從物質層面開始。我們可能會收集諸如蠟燭、草藥、玩偶、水晶等等的材料，甚至可能會快速做出手指交叉的提示手勢，這樣就開始能量的運作了。接著我們為魔法建立空間，以便在乙太層中為我們運作的能量造出一個容器。這表示我們需要清理大腦的思緒並進入意識改變的狀態，騰出時間來執行魔法，並布畫一個魔法圈或建立神聖空間。我們利用這種做法為「創造」這件事搭建起舞台。然後，我們用自己的意志力和想要我們的願望顯化的意念來填充這魔法容器，再把魔法容器和它裡面的東西（通常是一種思想形式）推進星光體中。

　　再者，我們喚起並調諧到我們希望願望能顯化的情感能量，並將這情感能量引進到咒術中，如此就把這個思想形式推入到情緒體了。根源工作者[譯註]54和魔法師以演奏古典藍調和爵士樂而聞名，當他們正在執行魔法的同時，背景的這些音樂能喚起他們正在做的事情的情感力量。如果你正在創造魔法來顯化愛，你得喚起心中那種愛和幸福的感覺，並把這種感覺和你的思想形式連結在一起。然後，你可以透過在心裡面或口頭上確認你的願望，寫下一份祈願書，念出咒語、誦經或歌唱來完成你對自己願望的明確表示，如此就把這思想形式轉移到心智體。

〔譯註〕54. 根源工作者是非裔美國人的民間信仰「胡督」（Hoodoo）術的的實踐者。

在魔法的下一個階段，我們利用清晰地想像我們所渴望的結果，並觀想這個願望可能是怎樣顯化的，這樣就把思想形式推進了靈性層面。我們施咒公式的最後一步是請求神代表我們介入運作，如此我們的思想形式就傳遞給神了。巫師展現這一點的方式可能是升起能量錐，並把思想形式傳送到宇宙中去完成。我們將思想形式交託給實相的最高層次，並釋放對它的執著。

當這步驟完成後，實際的魔法布陣就完成了，它會像迴力鏢一樣地回到我們身邊。我們要確保自己所有的能量和我們想獲得的能量是調和一致的，好讓它回到我們身邊。當我們的每一個部分都與我們的魔法調諧時，我們就成為自己的魔法，而那魔法幾乎不可能不成真。我們崇敬神，與我們的較高意志調諧，並且為他人服務，這將促使顯化回到我們的生活中。當我們想像那咒術已經顯化並發生的模樣，並拒絕設想任何與我們的願望相抵觸的結果時，它便從神性層進入靈性層。

憑著知道願望就要實現了的心態，並且不允許有違背我們願望的思想凌駕於我們的顯化之上，它就從靈性體進入心智體。然後，藉由感覺自己的願望就要成真，並確信自己在情感上對它的顯化感到樂觀，它就進入了情緒體。接著我們要維持堅定不移的意志力，拒絕任何不如預期結果的東西，將它帶入星光體。然後，當我們在生活中創造空間讓它顯化時，它便開始錨定在乙太體中。

當我們主動採取行動時，它便成為一種物質實相，這是施作咒術中一個必要但卻經常被忽略的要素。身體的活動就像在創造一個讓所有這些能量得以流進物質層面的出口。譬如你如果沒有積極

地參與社交活動，讓自己有機會結識他人，那麼你將無法顯化完美的人際關係。如果你已經完成所有這些步驟，卻固守現狀而沒有行動，極有可能什麼都不會改變，你的靈魂伴侶不會突然衝破你家客廳的牆壁來尋找只是躺在沙發上的你。

乙太體

氣場的第一層稱為乙太體。乙太體是氣場中最容易接觸到的一層，也是人們開始觀察氣場時通常會看見的東西。它以輪廓的形式出現在一個人的周圍，範圍從幾釐米到幾英吋不等。一開始看見乙太體時，通常看起來像是一種透明的物質，猶如陽光曬熱的路面上冒出來的熱氣，或像是圍繞著一個人的白色或灰色薄霧。經過一段時間的靈力發展，魔法顯化將開始能感知乙太體的全部顏色。

「乙太」（ether）一詞來自拉丁語的 *aethēr*，意思是「上層純淨、明亮的空氣」，其詞源來自希臘語的單字 *aíthō*（意思是「我燃燒、發光」）和 *aithēr*（意思是「上層空氣」）。在希臘神話中，埃忒耳（Aether）是一位原始的神明，祂所化身的物質填滿了眾神居所的上層區域，是眾神呼吸的空氣，就像人類依賴並呼吸空氣的方式一樣。這給了我們在形上學能量中此一場域本質的線索。柏拉圖在他的作品《蒂邁歐篇》（*Timaeus*）中寫道：「有一種最透明的本質叫做乙太。」

然而，了解乙太這個名稱是源自古希臘的煉金術科學，才是

獲得關於此場域本質的最重要見解。乙太是構成實相的第五元素勢能的名稱，在拉丁語中也被稱為第五原質，而在現代的英語中更常見的名稱為聖靈。聖靈是神聖的元素勢能，它滲透並組成四大元素的每一個元素。我相信正是因為這些原因，這個場域才被稱為乙太場。物質實相裡存在的一切都有一個乙太形態。那是因為它是物質實相賴以建構外形的能量矩陣。乙太體穿透每一個創造物質的粒子，它是一種能夠充當容器的勢能，能把所有的東西聚合在一起形成網格狀的輪廓。

乙太界是啟動物質顯化的第一步，同時也是物質達成顯化之前的最後階段。我們以傳統攝影來和它做比較，這樣是幫助你更清楚理解它的好辦法。當攝影師拍照時，影像被捕捉並銘印在相機軟片上成為底片。這個過程發生在軟片以晶體結構捕捉光並將影像記錄下來的時候。這底片在意義上與乙太界相似，實際的照片（物質顯化）都是從底片顯影而來的，但在底片顯影之前，它只是那個影像的一個透明藍圖，與影像經過曝光處理之前的圖樣類似但不完全相同。就像一卷軟片吸收了被記錄的光而成為影像一般，乙太場對光也有吸引性，在我們的這個比喻中，它是我們在獲得我們想要的結果之前最後吸引光的地方。你可以把傳送和接收顯化的過程想成如同攝影一般。在此隱喻中，想像相機裡面有一卷軟片。你把相機對準要被拍攝的對象的方向，然後按一下快門。接著，相機就把光吸收到它自己裡面，記下稍後要顯影的影像。

乙太體存在於乙太界之內，兩者都是物質能量和靈性精微能量之間的橋樑，在其間來回地轉換能量訊息。然而，乙太體並不完全

依附於物質或與物質相互連結。在極少數情況下，當一個靈魂在你眼前呈現出一個完全可見的形態時，它正在顯化一個乙太體來與物質界進行更具體的互動，而這是在它還沒有物質軀殼時最接近物質層面的時候。它也是一種能量載體，我們可以在施咒時自行製造它來乘載所有的能量成分以釋放到宇宙中。

因此，我喜歡把乙太體與神聖空間的概念相連。我們這些巫師在施咒時，首先要做的就是創造一個可以供能量運作的神聖空間。在接受顯化的形上學技巧裡，有一個方法是清理你生活裡的實體空間，使顯化能錨定到物質實相中。如果一切有形的物體都有一個乙太場，雜物的堆積會使乙太場減少，那麼只有透過清除過多的實體雜物，我們才有空間讓新的乙太顯化發展。比方說如果你試圖要顯化一份工作，你需要在你的計畫表內建立一個空間讓它達成。或以我為例，在顯化這本書的過程中，我已經在我的預定計畫裡清出了空間，使我能在其中透過打字來創作這本書。

•

星光體

氣場的第二層稱為星光體。星光體仍保留著身體的粗略形狀，緊鄰著擁有形態能量矩陣的乙太體。在靈力方面，被觀察到的星光體通常是旋轉的顏色，看起來像是朦朧的光雲。然而，與情緒體相鄰的星光體能夠改變自己的形態和外形，並具有另外創造一個星光複製體（astral double）或部分的自己，再與自身其餘的能量體分

開的獨特能力。

星光體也稱為「活魂」（fetch）。有時，活魂可以廣泛地指低我。有時，活魂一詞也適用在一個人從自身的能量場創造出來的一個人造僕靈（artificial sevitor spirit），以命令僕靈為他完成某些任務。有時，活魂是指當魂靈出遊到其他界域，變身成動物時所使用的載體，特別是在靈魂出竅的出體經驗中。星光體沒有任何具體的時間和空間概念，能在我們實相的內在和外在領域穿梭，是物質界和精神界之間的橋樑。

星光體與情感能量緊密相連，與情緒體相鄰；然而，這些情緒不一定是來自邏輯或思想的，而比較多是基於無意識的「戰鬥或逃跑」的安全機制。只要想想看幼童或小動物的感覺，你就能抓到這個概念。這也是與渴望、需要、欲求和驅動力有關的本體。因此，它也與意志力相關。星光體是我們會做夢的那個部分，如果真要區分的話，夢境和實相的星光層是很難分辨的。我們在夢中體現著我們的渴望、需要、欲求、動力、壓力和恐懼，也與它們進行互動。除非我們成為夢中有意識的清醒夢者，否則那只是我們的意志力和無意識的情緒在搭建它們上演的舞台，並推動我們穿過夢境。正是能量體的這部分能夠理解並經歷原型、記憶和夢的象徵。

星光體具有可塑性，它在沒有意志力的直接引導下通常是不穩定的。這就是為什麼在夢中，人們就算感知到自己的手或腳或倒影，也很難長時間看見它們的原因。當星體投射到體外時，會產生一個複製體。把這個複製體想成是太空人的外衣。在星體的出體投射的經驗中，心智的意識將分成兩個部分，一個是圍繞一個人的星

光體，另一個是星光複製體。此情形通常會持續一段時間，直到心智意識與星光複製體連結為一個主要焦點為止。

當一個人即將進行星體投射但遭到某些因素破壞時，通常會出現的典型經驗是，這個人的星光體中與身體相連的心智意識將會醒來，然而仍在睡眠狀態中的身體卻沒有連接到星光複製體。這就像心智意識沒有選擇和星光複製體連結成主要焦點，就決定留在此人身邊一般。由於這時的身體是完全癱瘓的，這種現象被稱為睡眠麻痺，因為我們每次睡覺都是這樣，所以我們的夢境不會應驗在物質層面。

睡眠麻痺常被傳說是房間裡有陰暗的身影出現。這暗影有時被說是巫婆、怪物、外星人或邪惡實體。我個人認為它不是任何這些東西，而是我們在進入星體投射時通常會產生的星光複製體。由於星光體與原始的情感、渴望、恐懼有關，並且在形態上是不穩定的。當一個人醒來時發現自己的身體動彈不得，又見到房間裡有一個陰暗的身影時，會覺得恐懼和驚慌是一種正常的反應。由於環繞著身體的星光體和星光複製體二者之間的連結是很複雜的——同一個能量體被分為兩部分——因此我們的星光複製體自動承載了我們的恐懼和驚慌，並呈現出可怕的形態。

如果你發現自己陷入這種睡眠麻痺狀態，我發現保持鎮定是你最好的選擇。你越是恐慌和抵抗，你經驗到的事就越恐怖。在此狀態下你有兩種選擇：你可以重新進入夢裡，也可以喚醒自己。如果你想重新進入夢境，試著保持冷靜並閉上眼睛，同時專注於你眼皮後面的漩渦模式；這通常能奏效。但是，如果你想醒來，最好的方

法是把你的意志力引導到你的腳趾上，並嘗試用所有的意志力有意識地擺動腳趾，以打破睡眠麻痺的狀態。有一種更自然的方法是皺起你的臉，好像你聞到腐敗的東西那般。關鍵是要專注於身體的一小部分而不是整個身體。還有一種叫醒你自己的方法是試著咳嗽，這是大腦在做夢時允許身體做的一個動作，這將給你一段時間來重新控制你的身體。

我相信是魂靈的星光體部分因受創傷而破碎，並被留在時空中的不同地方。這些星體碎片能在一種叫做「魂靈復原術」（soul retrieval）的過程中被召喚回來，魔法師在此過程中誘導我們自我的各個層面重新集結為整體。請記住，星光體是低我的一部分，把它想像成是一隻害怕或受傷的動物，或是一個為了避免更多痛苦和虐待而逃跑的孩子。這些都是我們源自對創傷事件的恐懼而躲藏起來的部分自我。就像受驚嚇的動物或孩子一樣，進行魂靈復原術的巫師必須取得這些自我碎片的信任，並向它證明回歸整體是安全的。

星光界超越了有意識的思想，是我們以更廣泛、更無意識的方式來體驗和處理訊息的地方。這一層實相被認為是我們體驗星象影響力的地方，我們的情緒和互動在此受星象的影響，卻未曾得到有意識的處理。人們認為星光界是由行星和黃道影響力的不同能量構成的，這些能量將其意志強加給人類，而星光界是介於更高的天神界與凡人界之間的空間。這些星辰的影響力被古代的柏拉圖主義者稱為「天球」（the celestial sphere）。因為它指的是占星術的天體影響力，這就是它被稱為「星光體」的原因，它源自拉丁語的

astrum，意思為「星星」。因此，它也是我們體驗與實相的其他空間進行互動的地方。

在有關咒術工作的顯化方面，這一層實相與原始意志力有關。我的意思是，它是我們琢磨我們對咒術工作的明確願望的一層。這些原始的欲望被歸類為行星的動力。例如，如果你想施作一個愛情咒，你會連接金星的能量，它是統治愛的行星動力。所以這一階段主要是針對你想要的目標結果，選擇你的意志要和哪個行星能量調諧，並與這行星能量和諧共振。至於在接收我們的顯化方面，我們維持這個原始意志力的願望，並保持與這行星能量的振動調和一致。因此，在乙太層中，我們為咒術工作的能量創造出空間和一個容器，而在星光層中，我們為它賦予行星意志的力量，並開始將它與我們的能量場隔開，以便它能進入宇宙進行顯化。

•

情緒體

氣場的第三層叫做情緒體。情緒體是能量體開始失去它外形的地方，它進一步離開乙太體的形態，但還會保持夠近的距離來維持一點點外形。它是氣場中具有雲彩般顏色的彩光漩渦，看起來非常像星光體。情緒體是心智體和星光體之間的橋樑，也是低我和中我之間的橋樑。因此，情緒體可以傳遞有關星光體偵測到的精微能量及其影響的訊息，並透過身體感覺和情緒感覺把它們表達為直覺，然後心智體才能轉化成對它們的理解。

另一方面，我們的很多情緒都受到我們的思想和觀念的影響。情緒體處理這過程並將其轉變成星光體。當我們在一天中經歷各種情緒時，情緒體會不斷地變化。我們持續感受到但沒有將它轉變為另一種狀態的情緒，譬如憂鬱，就會開始在星光體上留下印記而變得更加根深蒂固。在創傷的情況下，經過情緒體處理的心理經驗會被傳送到星光體，讓星光體能把它截斷並碎裂。

透過大腦的心智體能夠訓練和運用情緒體。我們可以學著利用我們的思想來調整我們的感受，就像使用肯定語那樣。我們也會因為重複的負面思考、對未來的恐懼和對過去的遺憾而產生情緒的痛苦和煎熬狀態。情緒體是中我魂靈的一部分，它能理解時間和空間，也能體驗和反映這些知覺。經常清理我們中我的情緒體，就能淨化我們低我的星光體。

在〈巫術的仙靈傳統〉中，咒術師們執行了一種叫做「卡拉」（Kala）的清理儀式，此儀式起源於名為「胡那」的靈性傳統。進行「卡拉」時會利用水（水與星光體共振）來充當我們想要清理的情緒能量的對應物。本質上被認為比較負面的一些情緒——譬如憤怒、羞愧、遺憾或悲傷——會被轉移到水中，接著我們祈請神來進行有療癒作用的淨化和轉化。然後巫師喝下被當作藥物的水，以治療星光體的低我一直執著不放的深層創傷，並幫助治癒和放鬆影響著我們互動、感覺和思考的滯怠情緒。

情緒體也是我們透過人際關係與他人建立連結，以及我們產生對他人的感受的地方。這是中我體現其蛛網式連結的一個層面，它藉由情緒線（在「胡那」療法中稱為阿卡繫索（aka threads））將

我們連繫在一起。這些情緒線透過情緒體把兩個或兩個以上的人相連。在更有害的關係中，它也是包藏能量索和能量勾的能量體。這是情緒吸血鬼會從中吸取能量的自我的一部分，情緒吸血鬼製造一條連接情緒體和心智體的能量索，並操縱兩者來維持它們的生存。有時情緒吸血鬼是無意識的，但在一些罕見的情況下是有意識的。

在咒術運作的顯化方面，這一層實相與我們如何感受情緒有關。它主要是關於我們希望自己在願望的顯化時，在情感上會產生什麼樣的感覺。在這方面，我們把情緒分為正面和負面這兩個主要面向。雖然這似乎把我們可以感受到的情緒範圍過於簡化了，但基本上這正是咒術運作的過程中所關注的重點。舉例來說，如果我們為了找到新工作而施咒，我們會希望對這個咒術感到樂觀，而不是感到懷疑、悲傷或擔心。

所以在能量方面，我們為能量創造了一個容器，我們藉由連結一個行星動力來調諧自己的意志力，並把能量容器與我們的能量場隔開，現在我們要告訴咒術說，我們希望顯化能展現的是行星動力的正面或負面的力量。除非你正在運作的是黑魔法或是一個束縛咒，否則你多半會希望那是正面的顯化，以獲得有益的結果。在接收顯化時，我們要讓自己處於一種當願望實現時，我們認為自己會感受到的情緒狀態。比方如果你正在找一份工作，你要讓自己有興

奮、快樂、感恩和寬慰的感受，正如你設想當你找到工作時會有的感覺那般。

心智體

　　氣場的第四層稱為心智體。心智體失去了它的形態，以蛋形呈現在一個人的周圍。人們感知到的心智體不是會移動的色彩，而是一種微弱的光，通常帶有淡金色或黃色調。當大腦在思考不同的想法時，心智體的光就會產生幾何形狀和形態。經過長時間的思維過程，這些幾何形狀和形態可能會在心智體中結晶，成為氣場中的「思想形式」。因此，這些思想能幫助我們，但也能阻礙我們。

　　我們能透過心智體來表達自己和自己的獨特性。它是說者，也是聽者。我們自我的這個部分具有信念、想法、對自己本身和未來的夢想、道德立場，以及與團體的隸屬關係。我們最緊密認同和最理解的自我部分就是心智體，它也是與中我的魂靈最一致的部分。事實上，現在正是你頭腦裡的聲音在朗讀你正在閱讀的這段文字，並按照文字來創造影像。心智體從別人那裡理解到自己是一個個體，並透過自我意識（ego）產生自己（self）的這個概念。它是高我和低我之間真正的橋樑。它可以把來自星光體的情感衝動轉化為直覺，也可以把靈性體傳遞的神聖脈衝轉化為有意識的頭腦能理解的東西。它完全理解時間和空間的概念，能夠回想過去、規劃未來、用語言處理訊息，並具有抽象的思想和哲學觀。

心智體如同蜘蛛一般連接著不同的概念和思想，以獲得更大的視野。它能聚焦在細節上。它也能用言詞和思想連結不同的人，不僅能將物質實相的訊息傳達給另一個人，同時也傳達了低我的情感智慧與高我的抽象思想和哲學觀。正是我們能量體的這一部分能夠操縱和移動世界之樹不同部分的事物，並將一個人的三個魂靈結合在一起。心智體能夠編造大腦的思想程式並治癒我們的情緒，所以能操縱星光體和低我。它還可以在精神上引導冥想、心靈視野和生命歷程工作來利用靈性體和神性體的力量。

神智學家稱心智體為起因體。起因一詞在字面上的意義涉及到因果關係。因果關係是產生結果的行為或作用。它指出了一種觀念，即心智體可以表達、指示和創造起因，並將結果反過來帶回到個人的生命中。心智體被視為是幻覺的面紗，它使我們與高我的靈光體分離，高我理解它與萬物是相互連結與合一的。心智體也被認為是魂靈活動的場所，我們意識的焦點主要集中在此，並與大腦的身心能力和處理歷程有關。正因為如此，控制推理、自我掌控和決策的額葉（我認為是心智體）與大腦內的松果體（我認為是靈性體，它接收靈性和神性的訊息）在歷史上都曾被稱作是魂靈活動的場所。

在有關咒術運作的顯化方面，這一層實相是我們給予指示並清楚說明我們想要什麼的地方。也就是我們告訴咒術我們想要它做什麼的所在。因此，如果我們已經為我們的能量建造了一個能量容器，用我們行星動力的願望為它加持能量，再把它與我們自己的能量場分開，並賦予它正能量或負能量，那麼心智層就是我們對這所有原始能量進行規劃以獲得指令的地方。我們透過細心選擇的文字

或語言，明確說出我們希望顯化的內容來達成這一點。

比如假設我們希望在生活中顯化金錢，我們不只打算要「有錢」而已。請記住，意圖並不是一切，而這裡是我們把意圖轉變成意志力直接命令的地方。如果我們施作咒術來接收金錢，我們可能會在一些舊的牛仔褲口袋裡找到五塊錢，這可能不是你真正想要或需要的。因此，我們可以透過語言和思想把它釐清為：「我希望有足夠的錢付完房租和賬單後，還剩一千兩佰元。」

在接收顯化時，我們要讓自己維持在一種知道那咒術已經在起作用，我們的願望必定會顯化並滿足我們的要求的心態。我們保持正面思考，不猜測或質疑它的作用，而是保持信念及曉得它會實現的心理狀態。

•

靈性體

氣場的第五層稱為靈性體。靈性體呈現蛋形環繞著一個人，通常被認為是一個類似夜空的深靛藍色的背景。把它想成是一面反射神性體訊息的鏡子，是最貼近這個能量場的概念。這些訊息在心靈上被看作是彩光光流，它們流穿這部分的氣場，對照夜空，作為神性體意志的一面鏡子。光即是訊息的概念，一直是世界各地的神祕學家普遍存有的概念。

心智體能獲取那些從靈性體收到的「下載」訊息，並且能夠處理它們。你可以把它想像成有個神性體，它有訊息想傳遞給心智體。靈性體把這訊息壓縮成如 .zip 形式的檔案，使它成為一個心

智體能夠下載的訊息包，心智體接著將 .zip 檔解壓縮以處理裡面所有的個別檔案。但靈性體不是只能單向地傳遞訊息。透過觀想、咒術工作和祈禱，它也可以上載訊息。

靈性體的功能與身體的對應部位是松果體。還記得先前在討論腦波狀態時，我曾說過勞麗．卡柏特相信心靈訊息是看不見的光，而松果體能接收並解釋這些訊息嗎？這正是松果體接收的光，那些光流從神性體流向靈性體。松果體收到訊息後，由大腦的其餘部分處理訊息。訊息一旦被處理過後，就會進入知覺和理解的心智體中。

靈性體不像心智體和情緒體那樣會區分自我和他人。這是我們自身第一個與存在結構的統合感相連的部分，是構成高我魂靈的第一層。因此，它能接收任何人可能想要的任何訊息。然而，由於它對界線和時空的知覺較少，因此它並不總是能用具體的語言來傳遞訊息，這使得理性的大腦不得不盡其所能地以線性的方式將訊息拼湊起來。

靈性的（psychic）一詞來自希臘語的 psukhikos，意思是「關於魂、靈、心」。這為我們指出有關這能量體功能的線索。它是精神或高我魂靈或神性體與心智體互動的地方。這個能量體的神智學名稱是佛體（Buddhic body）。這使我們對此能量體的本質有更深入的了解。佛的（Buddhic）這個詞是由佛陀的命名而來的，它與更高層的智慧，以及合一狀態的普世大愛有關，並且脫離了心智體的自我和中我。

當談到咒術工作的顯化時，這一層實相是我們在意識改變的狀態中清晰地設想我們想要的東西的所在。我們從巫師之眼看到它，

並賦予咒術的結果可能呈現的影像。所以，如果我們已經為自己的能量創造了一個能量容器，用我們行星動力的願望為它加持能量，並將它與我們自己的能量場分離，以及賦予它一個正能量或負能量，然後用指令來規劃它，那麼這裡就是我們觀想願望顯化時可能看起來的樣貌，並提升我們的意識和振動頻率以將它上載到神性體的地方。

•

神性體

氣場的第六層也是最後一層稱為神性體。神性體在心靈上被認為是圍繞著一個人並在其身體周圍放射的純淨光。這種光散發自高我的魂靈之星。某些仙靈傳統將高我描繪成一隻鴿子降臨並召喚出聖靈的意象。如果你看到聖靈之鴿降臨在某人或某處的描繪，你會看到它發出的光芒彷彿將一個人吞沒的意象。這完美刻劃了來自高我魂靈放射的神性體。

神性體也被稱為神性模板體（Ketheric Template）。王冠的」（Ketheric）一字指 *Kether*，是儀式魔法師在他們的意識、神性和實相模圖中所使用的一個卡巴拉（Qabbalistic）的術語，叫做生命之樹。Kether 在希伯來語中是「王冠」的意思，是指人類在智力上能夠理解的意識的至高彰顯。它是神的純粹光輝，也是我們與神性的連繫。無論我們是否選擇在一生中實現真實意志，以及我們在投生前達成的協定和靈魂契約，神性體都會保留我們真實意志

的神性模板體。神性體包含神聖的智慧，並具有我們生命道路的模板。在許多方面，正是我們個體和自身的神我指引著我們的生命道路，從未與本源分離。

神性體也被稱為阿特米克體（Atmic Body）。Atmic 與梵語的 *Ātmán* 有關，意思是「魂靈、自我、本質、呼吸」。這提供關於此能量體的本質及其功能的重要線索。《博伽梵歌》（*Bhagavad Gita*）中阿特曼（Atman）的概念是一個人內心深處最真實的魂靈本質，也是一種永恆的、未曾化為肉身的、無處不在的原力。這與泰勒瑪（Thelema）神祕傳統中的「無生靈」（Bornless One）的思想有相關。「無生靈」是高我從未化身，也從未離開本源的一面。在我們的模型中，鴿子和貓頭鷹是無生靈，其散發的光是我們與高我連結的神性體。

「仙靈巫術傳統」的傳統創始人維克特‧安德森總結了這個概念，他說：「上帝是自我，自我是上帝，上帝是一個像我一樣的人。」[55] 同樣的，泰勒瑪的先知阿萊斯特‧克勞利在他的《諾斯替彌撒儀式》中寫道：「我沒有任何部分不是上帝的！」[56] 也許最好的總結是《俠盜一號：星際大戰外傳》裡，盲人高僧智刃嚴（Chirrut Îmwe）喃喃吟誦的那句咒語：「我與原力合一，原力與我同在。」所有這些描述都表明了自我的神性與超越自我的上帝之間是相連與合一的。

---

55. T. Thorn Coyle，*Evolutionary Witchcraft*（New York, NY: Tarcher/Penguin 出版，2004 年），43頁。

56. Lon Milo DuQuette，*The Magick of Aleister Crowley: A Handbook of the Rituals of Thelema*（York Beach, ME: Weiser Books 出版，2003 年），241頁。

在關於咒術運作的顯化方面，這一層實相就是我們將咒術送入宇宙的所在。所以，如果我們已經為自己的能量創造了一個能量容器，用我們的願望為它加持能量，再將它與我們自己的能量場分離，並賦予它正能量或負能量，用指令來規劃它，觀想它的結果並提升我們的能量和振動頻率，正是現在的這一階段，我們將我們的內在神性與我們的更高神性或外來神明（透過高我與我們相連的神）的協助調諧，並把我們的願望完全交託給神。如果我們想一想傳統的咒術運作，其中會有一個人引導並瞄準他們所升起的能量錐，這是魔法運作中產生的旋轉能量庫，那麼在顯化過程裡的這一步驟就是把它釋放到宇宙中去實現。在接受顯化時，如果我們尊重自己內在的神和所有其他人的神，並與我們的真實意志調和一致時，我們實現願望的機會就會更大。

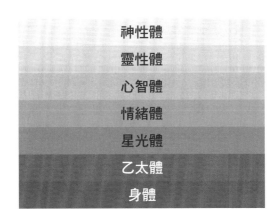

神性體

靈性體

心智體

情緒體

星光體

乙太體

身體

實相的多元層次

多次元思維魔法

　　調頻並執行一次魂靈調諧。創造一個能量球。與適合你的咒術願望的元素能量一起和諧共振，並用那能量灌注你的能量球。與適合你的咒術願望的行星能量一起和諧共振，並用那能量灌注你的能量球。召喚適合你咒術願望的情感能量，並用那能量充滿你的能量球。針對你施行咒術的目的，在心裡面做一個清楚的描述，觀想能量球把這描述當成一個命令。想像當這咒術顯化時會是什麼樣子，觀想能量球裡播放著一小段願望已顯化的場景，就如同你在老式電影中看到水晶球裡有影像播放那樣，如此就將影像導入能量球內了。專注於你手中的能量球及你規劃好的程式。用力吐氣，想像你正在把咒術能量球吹向宇宙去顯化。

　　例如，如果我施放一個快速的通靈咒術來治療一個名叫薩曼莎的流感患者，那麼首先我要從調頻並調諧自己的魂靈開始。我在手中創造一個能量球，專注在土元素的能量，讓它灌注我的身體進行身體的療癒，並將這能量注入我的能量球中。然後，我專注在掌管健康的太陽的行星動力和符號，讓它充滿我的身體，並將它的能量和符號的影像注入能量球。接著，我在心裡或口頭上做出明確的描述，例如：「薩曼莎治好流感是我的最高願望。」我看到我說的話像聲

波一樣振動並進入能量球。之後，我想像薩曼莎在完美的健康狀態，並想像這個影像在能量球裡播放。接著我再花一點時間去感覺和觀想能量在我手中逐漸增強，然後用力吐氣，把咒術能量球吹向宇宙，知道它將會顯化。

練習 74

執行完整的魔法咒術儀式

這個練習可以在身體層面上進行，也可以在你的巫師之眼內觀想整件事。無論用哪一種方法，步驟都相同。

這個咒術的公式如下：

1. 調頻。

2. 調諧你的魂靈。

3. 對實體的空間進行能量清理。

4. 布畫魔法圈。

5. 呼喚四大方位的守護靈。

6. 召喚你將在咒術裡使用的元素能量。

7. 召喚你將在咒術裡使用的行星能量。

8. 感受你希望咒術產生的情感。

9. 說出你施作咒術的意圖。

10. 執行咒術或功用運作[57]。

---

57. 參見下一章的咒術範例。

11. 觀想結果看起來會像什麼樣子。

12. 解散四大方位的守護靈。

13. 放開魔法圈。

14. 關閉啟靈。

讓我舉個例子來幫助你把它學起來。假設我正在施作一個能確保自己有足夠的錢來支付所有賬單的咒術。我照慣例地開始調頻和調諧自己的魂靈。在我對空間進行能量清理之前，我要先確認自己要執行魔法的環境實際上是乾淨整潔的。我布畫魔法圈，呼喚四個方位的守護靈，然後聚焦在與豐盛有關的土元素上，讓自己充滿這個能量，並想像它充滿了整個魔法圈。接著我呼喚木星的行星動力帶來財富、豐盛和擴展，並用這能量充滿我自己，以及想像它充滿整個魔法圈。我在心中喚起當咒術顯化時，我會感到多麼放鬆和安全的情緒，彷彿咒術已經被實現了那般。

我說出對咒術意圖的聲明：「我希望有足夠的錢來付房租和賬單後，還剩下一千美元。」然後，我繼續進行咒術運作。當咒術完成後，我會花一點時間觀想我的銀行帳戶裡有那麼多金額的錢，想像我為房租和帳單開出支票，以此來觀想咒術顯化的樣貌。接著，我釋放四方位的守護靈。

我傾向把魔法圈想成是一個巨大的能量鍋，一個更大規模的能量球運作版本，我在其中注入了能量成分和指令。我的魔法圈現在已充滿了我在裡頭升起的所有魔法，因此該

是把它釋放到宇宙中的時候了。我放開魔法圈，然後說：

「我將這魔法圈送入宇宙內。在上如此，在下亦然。
內在如此，外在如是。它已經完成，就這樣發生！」

在說這句話的同時，我想像所有的魔法都會像一個巨大的球體一樣衝向宇宙。然後我關閉啟靈，並特別加強將焦點集中在讓自己落實接地上。

第十五章

靈能咒術和魔法技巧

我堅信只要你對必要的元素有深刻的了解，幾乎可以憑著你的靈力和意志力在任何時刻施展和利用魔法。我們並非隨時都能使用我們的祭壇、工具或我們權力所屬的地方。有時候我們即刻就需要魔法。以下是我經常使用的一些靈能咒術和魔法技巧，讓你了解書中的一切是如何交織在一起的，並讓你將靈力和魔法力兩者結合，使你透過靈力來增強魔法力，也透過魔法力來增強靈力。

經過這所有的練習後，我們將假設你能完全掌握以下的其他練習，並且理解調頻的涵義（現在你應該已經能利用你的心靈提示來達成調頻了），知道如何連結和召請每一個魂靈或進行魂靈調諧，以及如何與行星動力調為一致。如果咒術中指出它需要調入到中我，那麼你不需要特別做任何事，因為中我被認為是我們的預設狀態。假如你因為某種原因而不了解這些初始步驟，要是你想讓通靈咒術起作用，就請回頭仔細閱讀和複習那些步驟。每一個咒術都會說明在你開始之前，你將召請和連結哪一個魂靈，以及你將調諧到哪個行星動力。我還指出了咒術本身使用了哪一類型的靈力。

吸收能量並將能量銘印在物體上

自我附體：低我

行星動力：金星 ♀

靈力類型：靈觸力

你是否曾希望你可以「灌注」某種情感或能量？有一種儲存能量的簡單方法是喚醒你的雙手，然後用你的投射手拿著一個你想用來當作此能量的容器的物體（如水晶或符咒），再以你的接收手召喚手掌中有一個漩渦的感覺，那個漩渦正在吸入你想儲存的能量或情感。把能量吸入到你的接收手中，接著把你的接收手臂往上移，再將你的投射手臂往下移，並且把能量銘印在投射手所拿著的物品上。感覺那個物品接收著你正在它四周「灌注」的氣場能量。當你感到沮喪，需要快速提升能量（譬如愛或自尊）時，這個技巧非常有幫助。

提升供品的能量

自我附體：魂靈調諧

行星動力：木星 ♃

靈力類型：靈視力

不論是向神靈、祖先、上帝或土地獻上供品，我都會用這技巧來增強自己的供品能量，以使供品更符合他們的口味和喜好。不管你是燒香或供奉諸如食物或水之類的其他物品，基本上，你要做的就是想像你供奉的東西都有一股如煙霧般的能量冉冉上升到空中。要讓你的供品更受喜愛，你需要做的就是想像神靈所喜愛的，或是對祂們而言是神聖的物品都升起到煙霧中。比方說，我要向黑卡蒂女神（Hekate）獻上一個供品。我把雙手放在供品的上方，想像能量上升，並帶著神聖的東西飄往她那裡去。因此，在這位女神的例子中，我觀想了萬能鑰匙、藏紅花、大蒜和幾壺酒以煙霧般的能量朝向她升起。

練習 77
驅逐人群

自我附體：中我
行星動力：火星♂
靈力類型：靈視力

你曾想要清理一個空間但不想表現得粗魯無禮的經驗嗎？也許是你的訪客停留的時間比你想的還長，或是你的

環境裡有不受歡迎的人存在？這個技巧是我的祕密武器。這樣做的好處是，你永遠不需要做出粗魯的舉動，或驚動你周圍的人，而且沒人會知道你在腦子裡做什麼事。

我曾經施展這技巧給一位同事兼朋友看，讓他看看它有多麼有效。那是在十月份的塞勒姆，當時已幾近午夜，我在做通靈解讀的那家女巫商店開始準備打烊了，突然間有大約十五名醉漢走進店裡，他們分散四處，開始取笑店裡的每一樣東西卻無任何購買意願。我抓著我的同事直接走到店的後面。我問他是否看過吉姆‧亨森（Jim Henson）執導的《魔王迷宮》（Labyrinth），還問他記不記得莎拉和霍格沿著隧道拚命奔跑，試圖逃脫占滿隧道裡的恐怖鑽頭的那一幕。他點點頭，問我提這件事要做什麼。

這時我帶點炫耀意味地對他笑著說，等著瞧吧。我把自己調諧到火星能量，開始想像鑽頭從我們所在的商店後方，一直往前鑽到商店前門。正如我所做的觀想那樣，只要鑽頭鑽到的地方，醉酒的遊客很快就離開那裡，直到他們都走出店門。

如果你對《魔王迷宮》這部片不熟（這很可惜），還有另一部很好的觀想範例是《星際大戰：曙光乍現》（Star Wars: A New Hope），影片裡有一幕是有人掉進垃圾壓縮機中，機器的壁面由兩側往內推進以擠壓裡頭的人。不過，與其觀想

牆壁從空間的兩側往內移，不如想像一道牆從房子後面往前推，這會使得空間越來越小，最後把裡面的人都推出去。

練習 78

清楚的溝通

自我附體：中我
行星動力：水星 ☿
靈力類型：靈嚐力

要把話說清楚有時很困難，尤其是當我們要分享一些充滿情感能量的事情時，或我們得面對群眾說話、正在面試工作、以及我們有點害羞時。在你調諧到水星之後，你需要做的就是在講話的同時，開始在你嘴裡喚起溫潤柔軟的蜂蜜味道。你甚至會想在出門之前先嘗一嘗熱蜂蜜，以穩固你對蜂蜜的味覺記憶。

練習 79

創意思維帽

自我附體：魂靈調諧
行星動力：水星 ☿

靈力類型：靈視力

　　當你為了尋求點子而進行腦力激盪，以及想獲得有創意本質的頓悟和啟發時，用此方法特別方便。在做完魂靈調諧並調頻到水星之後，請坐下並閉上眼睛。想像你正要戴上一頂帽子。有些人喜歡把它想像成帶有機械飾物的蒸氣龐克帽，另一些人希望它有更多科幻電腦元素，看起來更像賽博龐克風格，還有些人則喜歡想像它是一頂簡單的大禮帽。不管你選擇觀想什麼樣的帽子，都要確保它的視覺效果能讓你有思維過程受到激發的感覺。想像你的帽子上面有一個已經點亮的燈泡正吸引著新的想法。花點時間做靜觀冥想，專注在你正在進行腦力激盪的事情上，心裡知道自己將會湧現新的創意想法。

練習 80
把某件東西吸引過來

自我附體：低我
行星動力：金星 ♀
靈力類型：靈視力

　　此練習有助於提升你在外出期間已施作的咒術或正在進行的顯化工作，最好是在每一天的開始時做這個練習，直

到你的顯化達成為止。設想一個符號來代表你的目標。我們以假設你要顯化一間新房子為例。先調頻到你的低我，再調諧到金星動力，想像你有一把銀色的魚叉槍。觀想你看見遠方的目標符號，然後用魚叉槍射它，想像你和目標符號之間有一條銀線，並看見它慢慢被你吸引過來。

練習 81

引誘他人

自我附體：低我
行星動力：金星♀
靈力類型：靈聽力

　　如果你正在尋找約會對象，或只是想讓別人在你周圍時感到舒適，這是個完美的練習。調頻至低我並調諧到金星後，你只需要喚起貓的呼嚕呼嚕聲，並把音量調高即可。想像你聽見周圍的呼嚕聲環繞你整個氣場，並感到貓的呼嚕聲伴隨而來的放鬆和享受的能量。你很快就會發現有更多人被你吸引，無論那跟浪漫有沒有關聯。

增強蠟燭能量的咒術

自我附體：魂靈調諧

行星動力：金星♀

靈力類型：靈視力

　　這是我在咒術運作中用來增強我所使用的蠟燭能量的一種簡單方法。在魂靈調諧並調和到金星後，你需要做的就是查看你正在使用的蠟燭，並為蠟燭本身添加一個觀想的效果。例如，如果你正在施放一個愛情咒，就想像蠟燭中突然開出美麗的玫瑰花。如果你要進行治療，可能要觀想一個療癒的氣場和光暈環繞著蠟燭。如果你施展咒術的目的是為了金錢，就想像金幣從蠟燭當中冒出來。可以運用它的選擇是無窮盡的，只要簡單地把靈視的想像加入蠟燭魔法中就能增強你正在執行的咒術。

尋找失物

自我附體：中我

行星動力：金星♀

靈力類型：靈視力

　　這是我經常使用的工具，因為我老是掉東西。如果你正在瘋狂地尋找失物，請深呼吸並放鬆。調和到金星能量，並在巫師之眼中呈現那項失物的影像。在你的心裡呼喚它：

　　「我想念的[失物名稱]。不要猶豫，立刻回來。」

　　觀想那個東西發光，往上升起並朝著你漂浮過來。你可能要注意當它在你的巫師之眼中開始發光並上升時，它所在位置的背景。如果你不知道它的確切位置時，這背景通常可作為失物所在地的線索。假使你在開始搜索的十分鐘內找不到東西，就重複此過程直到找到它為止。此咒術的關鍵是要確認自己保持放鬆，不要因為丟了東西而過於緊張，因為壓力會阻礙通靈的感知力。

練習 84

增添好運

自我附體：中我

行星動力：木星 ♃

靈力類型：靈視力

　　需要來點特別的運氣嗎？下次你去賭場或買刮刮樂

時，可以試試這方法。四葉草可以說是最能代表好運的，據說四葉草能為它的主人帶來幸運。調諧到木星（掌管運氣），並想像一株帶有彩虹氣場的魔法四葉草。觀想四葉草在你的周圍旋轉，留下一道彩虹軌跡為你的氣場增添好運。在心裡面或口頭說出：

「上下左右，四面八方，好運像四葉草一樣湧向我。」

練習 85
增強通靈接收力

自我附體：高我

行星動力：月亮 ☽

靈力類型：靈視力

　　如果您想更深入地進行你的通靈解讀並獲得更清晰的結果，此練習會很有用。尤其是如果你正在執行靈媒工作或任何形式的通靈傳訊，它特別有幫助。召請你的高我，並調諧到月亮的行星能量。想像你的腦海是一潭清澈、透明的湖水，完全未受污染且平靜無波。從你的巫師之眼中看見你頭頂上的滿月，觀想月光和它的倒影出現在你心目中清澈的湖面上，明白你的通靈接收力和清晰度正在增強。

練習 86

隱形斗篷

自我附體：低我

行星動力：月亮 ☽

靈力類型：靈視力

　　這個咒術不會讓你真的在別人眼前消失，而是讓你不那麼受注目。把它想成像是一種偽裝或一台轉向器。當你在人群中不想被人注意時，這很好用。我最初是從一個朋友那裡學到類似的東西，當時我們要在夜裡去一個靠近住宅區的墓地，所以不想引起別人對我們的注意。在你調諧到月亮和低我之後，你要做的是觀想你穿著一件由薄霧織成的灰色斗篷。記住，要讓這件灰色的薄霧斗篷從頭到腳覆蓋著你。在你的巫師之眼中持續看見斗篷正在折射它周圍的所有光和顏色，並和你四周的環境融為一體。

練習 87

測謊器

自我附體：低我

行星動力：木星 ♃

靈力類型：靈視力和靈觸力

做這練習需和另一個人合作，不管你和對方是面對面談話，還是利用線上或電話聊天，你都需要和他進行一些實驗來微調你的測謊器。你要做的是想像那個人的手指放在測謊器裡，並把你的意圖設定為當對方說謊時，你的身體就會出現某種感覺。當我這樣做時，我通常會聽到微微的嗡嗡聲或有種刺痛感，但你出現的感受可能和我的不一樣。你要讓對方告訴你十件事，其中有一半是假的，而且要確保那是答案不會太明顯的事。

　　在每一段敘述後，先預測它是真還是假，然後請對方告訴你答案是真或是假，接著才讓他繼續下一段敘述。不管你的預測是什麼，只要他們說的是謊言，就會喚起你身體裡已經設定的「聽到謊言就出現嗡嗡聲或刺痛感」的感覺。這就是你如何微調測謊器的方法。不斷重複這個練習，你會開始注意到，只要你掌握自己的心靈提示，連結你的低我，並觀想對方的手指與測謊器相連，當有人對你說謊時，你就能察覺出來。

金錢磁吸倍增器

自我附體：中我

行星動力：木星 ♃

靈力類型：靈視力

在此練習中，你需要用到一張美元鈔票（或你所在國家的貨幣）。挑選一個即將月圓的星期四，調頻並調諧到木星能量。手裡拿著鈔票，想像它變得有磁性。在鈔票的某處畫上木星符號。把鈔票握在你手中，想像各種你能想到的金錢形式都被這張鈔票吸引過來。看著各種面額的鈔票、硬幣、支票、黃金、珠寶、金額不斷大增的銀行帳號，或你能想到的一切都衝向這張鈔票。現在，把鈔票折起來，放在你的皮夾或錢包裡某個你不會把它花掉的角落，貼近其他的錢但要和它們分開。

在你的巫師之眼中，觀想你錢包裡的每一塊錢都被這張鈔票充了能量。要知道你花出去的每一塊錢都會比原來更多倍地回到你身邊。雖然我不建議你把所有的錢都花在一些無聊的事情上，但一定要把一些錢花在你喜歡的、為你帶來快樂的事物上，而不是只用來付賬單、房租或貸款。如果你覺得金錢磁吸倍增器的魔法效果變弱了，那麼在下一個快要

滿月的週四時拿出鈔票,再次進行這個運作,並在鈔票上畫出另一個木星符號。不管鈔票上有多少個木星符號,重要的是要維持用同一張鈔票來做這件事。

練習 89

用物質的靈魂作為替代品

自我附體:魂靈調諧

行星動力:太陽 ☉

靈力類型:全部的靈力

　　有時我們手邊就是少了施咒要用的成分。別煩惱!你一定能夠召喚出你缺少的那項物質的靈魂。不管你缺少的是什麼物質的對應物,都要調諧到太陽。你越熟悉那項物質越好,如果那是一種植物,一定要知道它的學名。

　　比如我正在製作一種需要多種草藥成分的混合配方,但我卻缺少綠薄荷,綠薄荷的學名是留蘭香(*Mentha spicata*)。我要做的事是調頻並執行魂靈調諧,接著調和到太陽的行星能量。然後,我會對留蘭香的靈魂說:

「我呼喚綠薄荷的力量和靈魂。留蘭香,

快來加入我的工作吧,請把你的力量借給這個咒術。」

　　在呼喚留蘭香靈魂的同時,我會盡我所能地使用到每

一種靈透感官。我會喚起留蘭香的味道、氣味、外觀，以
及在手指間觸摸它的感覺，並觀想自己把它放入配方中的影
像。無論是水晶、樹脂、動物毛皮或是你根本無法接觸到的
任何東西，你幾乎都能用這方法來處理。

練習 90

重新為你的魔法力和靈力加持能量

自我附體：魂靈調諧

行星動力：月亮☽

靈力類型：靈觸力

　　我們都有過覺得不對勁，可能是感到完全與自己的能
力脫節，或覺得沒有任何事是對自己有利的時候。這完全是
正常的，沒什麼好緊張的。此練習就是我的解方。你需要一
個如湖岸、海洋或淺溪一樣的水體來做這練習，並要在天氣
暖和的夜晚時進行。你還需要知道你出生時的月相位[58]，可
以請專業的占星家幫你找出來，或是自行上網搜尋，到不同
的占星網站上輸入你的出生資料就可以找到。

　　水對於魔法和通靈能量具有傳導性和接受性，而月亮
掌管這兩者。在前述的那個月相位期間站在淺水中的同時，

---

58. 指月亮圓缺變化的階段。

進行魂靈調諧並調頻到月亮的行星能量。想像月光灑落在你四周並祝福你。如果你看不到月亮，或你是在闇月出生的，別擔心，只要觀想月亮向你傳送能量即可。看著帶有銀色光芒的白色能量，宣告說：

> 「今晚我與月亮調諧，重新加持我的魔法天賦。
>
> 今晚我與月亮調和，重新加持我的巫師視野。
>
> 我與月亮融為一體。月亮賜我滿滿能量。」

練習 91

消除物品上的詛咒

自我附體：魂靈調諧

行星動力：土星 ♄

靈力類型：靈視力和靈觸力

除非對物品下詛咒的人是一個技巧精練的巫師，否則要從一項物品上除去詛咒或真正的負能量通常比聽起來容易。只要進行一次魂靈調諧並喚起你的巫師之火。調諧到土星並握住手中的物品，觀想它被你的巫師之火吞噬。現在，在你的巫師之眼中，把巫師之火從電藍色轉變成鮮豔的紫羅蘭色。紫羅蘭色的巫師之火會燒掉附著在物品上的所有詛咒、雜質和負能量。在你的巫師之眼中，看見火焰把環繞著

物品的詛咒燃燒成灰燼。再看著灰燼被燒成一無所剩。在執行此咒術的同時，不斷重複吟誦：

「詛咒解除了，能量轉換了。」

如果你覺得詛咒它們的是你自己或他人，你可以對著自己或他人而不是對物體執行這個咒術。

獨處時的保護

自我附體：低我
行星動力：土星 ♄
靈力類型：靈聽力

有時你只想獨處卻碰巧遇到有威脅的情境。這是我教人們在路過危險或不太安全的街區，或是深夜獨自開車時可使用的一種方法。在很多方面，這是「引誘他人」練習的相反版本。調頻至低我並與土星調諧後，只要想出最兇惡的狗的咆哮和吠叫聲就可以了。聽見周圍的吠叫聲環繞你的整個氣場，並真正調頻到別人不該來惹你的感覺。

監護物品

自我附體：中我

行星動力：土星 ♄

靈力類型：靈觸力和靈視力

　　不想讓人碰你特定的東西嗎？也許是你的日記本或
《影子之書》。有時只是收起物件來保護它是不夠的。有時
你會希望如果別人碰到你的東西，也會覺得它看起來不吸引
人。在這練習中，你需要把它和「通靈密碼」（練習47）結合
使用。我用來讓我的重要物品看起來不吸引人的訣竅是把自
己調諧到土星，然後握住那個物品並召喚它周圍長滿荊棘的
影像，以及被荊棘刺傷的感覺。要真正地召喚起摸到那東西
有多痛的感覺才行。用你的「通靈密碼」來鎖住這種感覺和
影像，也用它來解開這個監護。

結語

我衷心希望本書為你提供了知識和經驗來發掘你的靈力和魔法力，也讓你為自己的利益來使用它們。人們經常爭論有關巫術和靈力的真偽。有時候，憤世嫉俗的巫師們會嘲笑別人「扮演」巫師，或說他們是迷失在自己的想像當中。別理他們。這就是本書的把角色扮演放在第一個練習，並強調讓自己沉浸在想像中的原因——以顯示用意志力來激發想像力有多麼強大。

各年齡層的巫師、神祕學家、通靈者和密契學家都一直強調想像力的重要性。然而，在我們這個對想像力嗤之以鼻的當代，強調發揮想像和在魔法中進行實驗的做法都被隨意棄置一旁，人們轉而支持世俗的無神論，甚至對巫術也是支持教條式的修持方式。《薩巴蒂祭禮》（*Cultus Sabbati*）的作者兼導師說得很好：「巫術信仰的內在本質長期以來即認為想像力是人類最偉大的化身力量之一。這種能力在過去的四個世紀裡，特別受到世俗秩序的壓制、束縛、禁聲和攻擊；人們甘願衰退到如人猿的地位，因此在我們這個時代，它已成為一種禁忌的藝術。」

魔法通常被定義為一門科學和一門藝術。在科學方面反映了它創造成功變革的神奇基礎和機制。藝術方面則是對這門科學的個人詮釋和應用。巫術絕不是千篇一律的公式。就像一本書裡的食譜一樣，只要明白一般的配菜基礎和做菜步驟，通常就能根據個人的口味來量身訂製菜單。我鼓勵你用本書的內容來做實驗，開發出你自己的密技。讓它反映你自己的信念和理想，根據新的經驗和實驗改變它們，並按照書裡提供給你的元素創造新的技巧。侷限你的是你

的想像力，但也是你的想像力能讓巫術在我們進入未來的過程中不斷地進展。你的魔法應該像你個人一樣獨特。

　　我希望你已有新的角度來觀察和體驗你周圍的世界。沒有你找不到內心解方或工具來解決的問題。力量就在你的內心，你越利用它，它就越強大。覺知自己內心的力量，能開始改變你的生活和周圍的環境，使它們更吻合你要創造的代表作。你的生命是你自己的精心傑作，它不會在一夜之間成就。我們習修魔法並操練巫術，因為我們如同對待任何天賦般不斷地精煉和完善它。你唯一的限制是允許別人對你施加限制。

參考書目

Anonymous.*The Kybalion: Hermetic Philosphy by Three Initiates*，Chicago. IL: The Yogi Publication Society，1912。

Belanger, Michelle.*The Psychic Energy Codex: A Manual for Developing Your Subtle Senses*，San Francisco, CA: Weiser，2007。

芭芭拉・安・布藍能，《光之手 2：光之顯現──個人療癒之旅・來自人體能量的核心訊息》，橡樹林出版，2020 年。

Bruce, Robert.*Astral Dynamics: A New Approach to Out-of-Body Experiences*，Charlottesville, VA: Hampton Roads Publishing, 1999。

Cabot, Laurie, with Penny Cabot and Christopher Penczak.*Laurie Cabot's Book of Shadows*，Salem, NH: Copper Cauldron，2015。

──.*Laurie Cabot's Book of Spells & Enchantments*，Salem, NH: Copper Cauldron，2014。

Cabot, Laurie, and Tom Cowan.*Power of the Witch: The Earth, the Moon, and the Magickal Path to Enlightenment*，New York, NY: Delta，1989。

Coyle, T. Thorn.*Evolutionary Witchcraft*，New York, NY: Tarcher/Penguin，2004。

Crowley, Aleister.*The Book of the Law*，San Francisco, CA: Weiser, 1976。

──. *The Book of Thoth*. York Beach, ME: Weiser Books，2004。

Dominquez, Ivo, Jr.*Practical Astrology for Witches and Pagans: Using the Planets and the Stars for Effective Spellwork, Rituals, and Magickal Work*，San Francisco, CA: Weiser，2016。

──.*The Keys to Perception: A Practical Guide to Psychic Development*，Newburyport, MA: Weiser Books，2017。

DuQuette, Lon Milo.*The Magick of Aleister Crowley: A Handbook of the Rituals of Thelema*，York Beach, ME: Weiser Books，2003。

Faerywolf, Storm.*Betwixt and Between: Exploring the Faery Tradition of Witchcraft*，Woodbury, MN: Llewellyn Publications，2017。

———.*Forbidden Mysteries of Faery Witchcraft*，Woodbury, MN: Llewellyn Publications，2018。

Foxwood, Orion.*The Candle and the Crossroads: A Book of Appalachian Conjure and Southern Root-Work*，San Francisco, CA: Weiser Books，2015。

———.*The Flame in the Cauldron: A Book of Old-Style Witchery*，San Francisco, CA: Weiser Books，2015。

———.*Tree of Enchantment: Ancient Wisdom and Magic Practices of the Faery Tradition*，San Francisco, CA: Weiser Books，2008。

Fries, Jan.*Visual Magick: A Manual of Freestyle Shamanism*，Oxford, UK: Mandrake，1992。

Gardner, Gerald.*The Meaning of Witchcraft*，York Beach, ME: Weiser Books，2004。

Gass, George H. and Harold M. Kaplan, eds. *Handbook of Endocrinology, Second Edition, Volume 1*，Boca Raton, NY: CRC Press，1996。

Grimassi, Raven.*Communing with the Ancestors: Your Spirit Guides, Bloodline Allies, and the Cycle of Reincarnation*，Newburyport, MA: Weister Books，2016。

———.*Encyclopedia of Wicca & Witchcraft*，St. Paul, MN: Llewellyn Publications，2003。

———. *Grimoire of the Thorn-Blooded Witch: Mastering the Five Arts of Old World Witchery*，San Francisco, CA: Weiser Books，2014。

———. *Old World Witchcraft: Ancient Ways for Modern Days*，San Francisco, CA: Weiser，2011。

Hauck, Dennis William. *The Complete Idiot's Guide to Alchemy*，New York, NY: Alpha Books，2008。

Hunter, Devin. *The Witch's Book of Mysteries*，Woodbury, MN: Llewellyn Publications，2019。

——.*The Witch's Book of Power*，Woodbury, MN: Llewellyn Publications，2016。

——.*The Witch's Book of Spirits*，Woodbury, MN: Llewellyn Publications，2017。

Jung, Carl Gustav.*The Collected Works of C.G. Jung: Volume 9, Part II, AION: Researches into the Phenomenology of the Self*，Prinston, NJ: Princeton University Press，1959。

——.*The Collected Works of C.G. Jung: Volume 13, Alchemical Studies*，Prinston, NJ: Princeton University Press，1983。

Kaye Sawyer, Irma.*The Brightstar Empowerments: Compilation Edition*，Self-published，2016。

Lévi, Éliphas.*Transcendental Magic*，York Beach, ME: Weiser Books，2001。

Locklove, James.*Gaia, a New Look at Life on Earth*，Oxford, NY: Oxford University Press，1995。

Miller, Jason.*The Elements of Spellcrafting: 21 Keys to Successful Sorcery*，Newburyport, MA: Weiser，2017。

——.*Protection and Reversal Magick: A Witch's Defense Manual*，Franklin Lakes, NJ: New Page，2006。

——.*The Sorcerer's Secrets: Strategies in Practical Magick*，Franklin Lakes, NJ: New Page，2009。

Nema.*The Priesthood: Parameters and Responsibilities*，Cincinnati, OH: Back Moon Publishing，2008。

Niedermeyer, Ernst, and Fernando Lopes Da Silva.*Electroencephalography: Basic Principles, Clinical Applications, and Related Fields, Fifth Edition*，Philadelphia, PA: Lippincott Williams & Wilkins，1996。

Orapello, Christopher, and Tara Love Maguire.*Beson, Stang & Sword: A Guide to Traditional Witchcraft, the Six-Fold Path & the Hidden Landscape*，Newburyport, MA: Weiser Books，2018。

Oschman, James L.*Energy Medicine: The Scientific Basis*，Dover, NH: Elsevier，2016。

Pascal, Eugene.*Jung to Live By: A Guide to the Practical Application of Jungian Principles for Everyday Life*，New York, NY: Warner Books，1992。

Penczak, Christopher.*The Inner Temple of Witchcraft: Magick, Meditation and Psychic Development*，Woodbury, MN: Llewellyn Publications，2002。

——.*Instant Magick: Ancient Wisdom, Modern Spellcraft*，Woodbury, MN: Llewellyn Publications，2006。

——.*The Outer Temple of Witchcraft: Circles, Spells and Rituals*，Woodbury, MN: Llewellyn Publications，2004。

——.*The Plant Spirit Familiar: Green Totems, Teachers & Healers On the Path of the Witch*，Salem, NH: Copper Cauldron, 2011。

——.*The Shamanic Temple of Witchcraft: Shadows, Spirits, and the Healing Journey.*，Woodbury, MN: Llewellyn Publications，2005。

——.*The Temple of High Witchcraft Ceremonies, Spheres and the Witches' Qabalah*，Woodbury, MN: Llewellyn Publications，2014。

——.*The Three Rays: Power, Love and Wisdom in the Garden of the Gods*，Salem, NH: Copper Cauldron Publishing，2010。

Plato.*Phaedrus*，Edited by R. Hackforth. Cambridge: Cambridge University Press，1972。

Rankine, David, and Sorita d' Este.*Practical Planetary Magick: Working the Magick of the Classical Planets in the Western Mystery Tradition*，London, UK: Avalonia，2007。

RavenWolf, Silver.*MindLight: Secrets of Energy, Magick & Manifestation*，Woodbury, MN: Llewellyn Publications，2006。

———.The Witching Hour: Spells, Powders, Formulas, and Witchy Techniques that Work，Woodbury, MN: Llewellyn Publications，2017。

Regardie, Israel.The Golden Dawn: A Complete Course in Practical Ceremonial Magick，St. Paul, MN: Llewellyn，2003。

Salisbury, David.A Mystic Guide to Cleansing & Clearing，Winchester, UK: Moon Books, 2016。

Schulke, Daniel.Lux Haeresis: The Light Heretical，Hercules, CA: Xoanan，2011。

Starhawk.The Spiral Dance: A Rebirth of the Ancient Religion of the Goddess: 20th Anniversary Edition，New York, NY: HaperCollions，1999。

Wachter, Aidan.Six Ways: Approaches & Entries for Practical Magic，Albuquerque, NM: Red Temple Press，2018。

Zakroff, Laura Tempest.Weave the Liminal: Living Modern Traditional Witchcraft，Woodbury, MN: Llewellyn Publications，2019。

魔法顯化──93則成為巫師的自學指南

出　　　版／楓樹林出版事業有限公司
地　　　址／新北市板橋區信義路163巷3號10樓
郵 政 劃 撥／19907596　楓書坊文化出版社
網　　　址／www.maplebook.com.tw
電　　　話／02-2957-6096
傳　　　真／02-2957-6435
作　　　者／麥特・奧林
翻　　　譯／祝家康
企 劃 編 輯／王瀅晴
港 澳 經 銷／泛華發行代理有限公司
定　　　價／420元
出 版 日 期／2021年3月

國家圖書館出版品預行編目資料

魔法顯化：93則成為巫師的自學指南／麥特・
奧林作；祝家康翻譯. -- 初版. -- 新北市：楓樹
林出版事業有限公司, 2021.03　面；　公分

譯自：Psychic Witch

ISBN 978-986-5572-08-2（平裝）

1.巫術　2.通靈術

295　　　　　　　　　　　109021520